我的世界攻略

探索冒险

叶月·编著

电子工业出版社
Publishing House of Electronics Industry
北京·BEIJING

未经许可，不得以任何方式复制或抄袭本书之部分或全部内容。
版权所有，侵权必究。

图书在版编目（CIP）数据

我的世界攻略. 探索冒险 / 葉月编著. -- 北京：电子工业出版社, 2024.3
ISBN 978-7-121-46429-4

Ⅰ.①我… Ⅱ.①葉… Ⅲ.①网络游戏-介绍 Ⅳ.①G898.3

中国国家版本馆CIP数据核字(2023)第183429号

责任编辑：赵英华
印　　刷：天津市银博印刷集团有限公司
装　　订：天津市银博印刷集团有限公司
出版发行：电子工业出版社
　　　　　北京市海淀区万寿路173信箱　邮编：100036
开　　本：720×1000　1/16　印张：29.25　字数：655.2千字
版　　次：2024年3月第1版
印　　次：2024年3月第1次印刷
定　　价：168.00元（全4册）

凡所购买电子工业出版社图书有缺损问题，请向购买书店调换。若书店售缺，请与本社发行部联系，联系及邮购电话：（010）88254888，88258888。
质量投诉请发邮件至zlts@phei.com.cn，盗版侵权举报请发邮件至dbqq@phei.com.cn。
本书咨询联系方式：（010）88254161~88254167转1897。

目录

在铁路上：移动和探索工具 ⋯ **06**
01 基本移动方式 ⋯ **08**
02 交通工具 ⋯ **12**
03 坐骑 ⋯ **16**
04 探索道具 ⋯ **20**

纵横七海：主世界 ⋯ **24**
01 生物群系的气候 ⋯ **26**
02 生物群系 ⋯ **28**
03 维度和结构 ⋯ **62**

旅游胜地：下界 ⋯ **86**
01 生物群系 ⋯ **88**
02 维度和结构 ⋯ **96**

结束了：末地 ⋯ **106**
01 生物群系 ⋯ **108**

附录 A 进度与成就 ⋯ **116**

在铁路上：移动和探索工具

导言

在《我的世界》中，探索与冒险是游戏过程必不可少的一环，也是吸引玩家们游玩的兴趣所在。如何在游戏中更加高效地移动和探索，便是一个玩家成为游玩高手的关键。在这片广袤的世界中，不仅可以身体力行地移动，而且还可以借助各种交通工具和坐骑，在各种探索工具的协助下，游览四方，欣赏壮丽的风景。

01 基本移动方式

行走

- 便捷程度：★★ 常规
- 移动速度：★★ 慢
- 消耗指数：★ 低

　　行走是玩家在游戏中最基本的移动方式，使用移动键（PC默认为WSAD）、方向盘（移动设备）或方向手柄（主机）便可以在游戏中向前、后、左、右4个方向行走。行走是玩家众多移动方式中速度适中的那一个，不论是去地底下矿，还是在地表收集资源，行走都是玩家在短距离内移动或者需要精细操作的同时进行移动的最好的选择。普通的行走速度最快可以达到4.3格每秒。

进入《我的世界》，便开始了我们的冒险之旅。身体力行的移动方式便是我们探索的第一步。

潜行

便捷程度：★不便
移动速度：★极慢
消耗指数：★低

潜行是玩家通过缓慢移动来进行更加精细的操作的一种移动方式，可以通过按下Shift键（PC）、双击潜行按钮（移动设备）或往下按方向摇杆或十字键的下键（主机）来进入潜行状态。处于潜行状态的玩家的移动速度大约只有普通行走的30%，并且会保护玩家不会从方块边缘跌落。如果玩家在梯子、藤蔓等攀爬方块上移动时潜行，将会悬停在这些方块上，就好似紧紧抓住了梯子或藤蔓一样。潜行不会发出脚步声，这在某些环境下将十分有用。

疾跑

便捷程度：★★★较便捷
移动速度：★★★中
消耗指数：★★★★较高

　　疾跑是玩家不借助工具时进行快速移动的一种方式，可以通过连按两次前进键或在PC端在前进时按下Ctrl键来实现。疾跑的玩家将获得比行走更快的前进速度，这大约会得到30%左右的提速，但是同时也会快速消耗自己的饥饿值。疾跑的玩家在遇到障碍物阻挡时便会恢复行走状态，因此，疾跑适合在较为平坦的地面上为了从一个地点快速移动到另一个地点而使用。疾跑的玩家会在背后留下一串扬起的"尘土"。

　　在疾跑时玩家还可以进行跳跃，这将比普通的跳跃跳出更远的距离。不过，跳跃的高度并不会发生改变。疾跑的玩家在攻击生物时也会产生比正常行走时攻击更大的击退效果。当玩家的饥饿值降低到6及更低时，玩家将无法启动疾跑模式。

游泳

便捷程度：★★常规

移动速度：★★★中

消耗指数：★★较低

当玩家进入水中后前进，便可以激活游泳模式，此时玩家的碰撞箱将会降低为1格，可以通过1格的空间。在游泳时连按两次前进键或在PC端按下Ctrl键可以进入速泳状态，类似于疾跑，可以使玩家获得更快的游泳速度。

飞行

便捷程度：★★★★★极便捷

移动速度：★★★★极快

消耗指数：无

如果你处于创造模式或旁观模式，还可以通过飞行来移动。在任意位置连按两次跳跃键或跳跃按钮将开启飞行模式，而当玩家触及一个物品上表面时，将自动结束飞行。玩家飞行的速度是普通行走的2.5倍，在飞行时开启疾跑模式将获得相对于普通行走大约5倍的速度。通过飞行进行快速移动也是创造模式中玩家首选的移动方式。

02 交通工具

矿车
便捷程度：★★★★便捷
移动速度：★★★★快
消耗指数：★★较低

　　一个矿车可以使5个铁锭合成，将矿车放置在铁轨上便可以使用矿车进行代步。除了普通矿车，我们还可以合成运输矿车、漏洞矿车、动力矿车和TNT矿车，它们分别可以存储物品、漏出物品、加快矿车前进速度和进行爆破。而铁轨具备多种形式，其中动力铁轨也可以对其上的矿车进行加速或使其刹车。合理铺设的铁轨可以使乘坐在矿车中的玩家在直道上获得最多8格每秒的速度，接近普通行走速度的2倍。

在大多数时候，只靠人力的移动不仅费时而且费力，所以，我们希望能够借助各种移动工具来进行代步。交通工具便是我们得力的助手。

船

便捷程度：	★★★便捷
移动速度：	★★★★快
消耗指数：	★低

类似于矿车可以使玩家在陆路上获得较快的移动速度，船可以在水路上为玩家提供交通便利。使用5块木板可以合成一只船。在基岩版中，除了木板，为了合成船我们还需要一把木锹。在船上开启疾跑模式可以扩大玩家的视角，但是不会像疾跑一样获得加速。在平坦的水面上，和矿车一样，船可以使玩家具有最多8格每秒的速度。

玩家也可以在冰面上划船，冰面上的船将具有更高的移动速度。在平坦的冰、浮冰或霜冰上，船将具有40格每秒的速度；在平坦的蓝冰上，更是会具有70格每秒的速度。

末影珍珠

便捷程度：★★★★便捷
移动速度：★★★中
消耗指数：★★★★较高

　　末影珍珠允许玩家以自身受到跌落伤害为代价进行地上快速传送式移动。末影珍珠在扔出并落地后，会将扔出该末影珍珠的玩家传送至落地点，并造成5点跌落伤害。具有保护或摔落保护魔咒的盔甲可以减少其造成的伤害，但根据保护魔咒的规则，所减免的伤害不会高于原始伤害的80%，即玩家每次至少会承受1点跌落伤害。当末影珍珠被使用时会有5%的概率在传送前的位置生成一只末影螨。

鞘翅

便捷程度：★★★★极便捷
移动速度：★★★★★极快
消耗指数：★★★较高

  鞘翅是一种罕见的物品，装备鞘翅的玩家可以获得一定的空中移动能力。鞘翅仅在末地船里自然生成。每个末地船里都会有一个物品展示框，当中陈列着一个鞘翅。会有一只潜影贝守护着该鞘翅。鞘翅可以装备在玩家的胸甲槽位中，玩家在下落状态下按下跳跃键或跳跃按钮即可开始滑翔。玩家在空中可以瞄准任意方向改变其滑翔方向和高度，减少高度可以加速滑翔，增加高度则会降低滑翔速度。

  使用烟花火箭可以加速鞘翅，手持烟花火箭并按下使用键便可以大幅度提高玩家的滑翔速度。如果烟花火箭使用了任何一种烟火之星合成，那么烟花火箭会在其飞行持续时间结束后爆炸，带来至少8点伤害。处于水中或暴雨天气时，使用带有激流魔咒的三叉戟也可以使玩家冲刺并加速滑翔。带有冲击魔咒的弓射出的箭矢也可以加速滑翔，但这相当不易控制，且会对自己造成伤害，并不建议使用。

03 坐骑

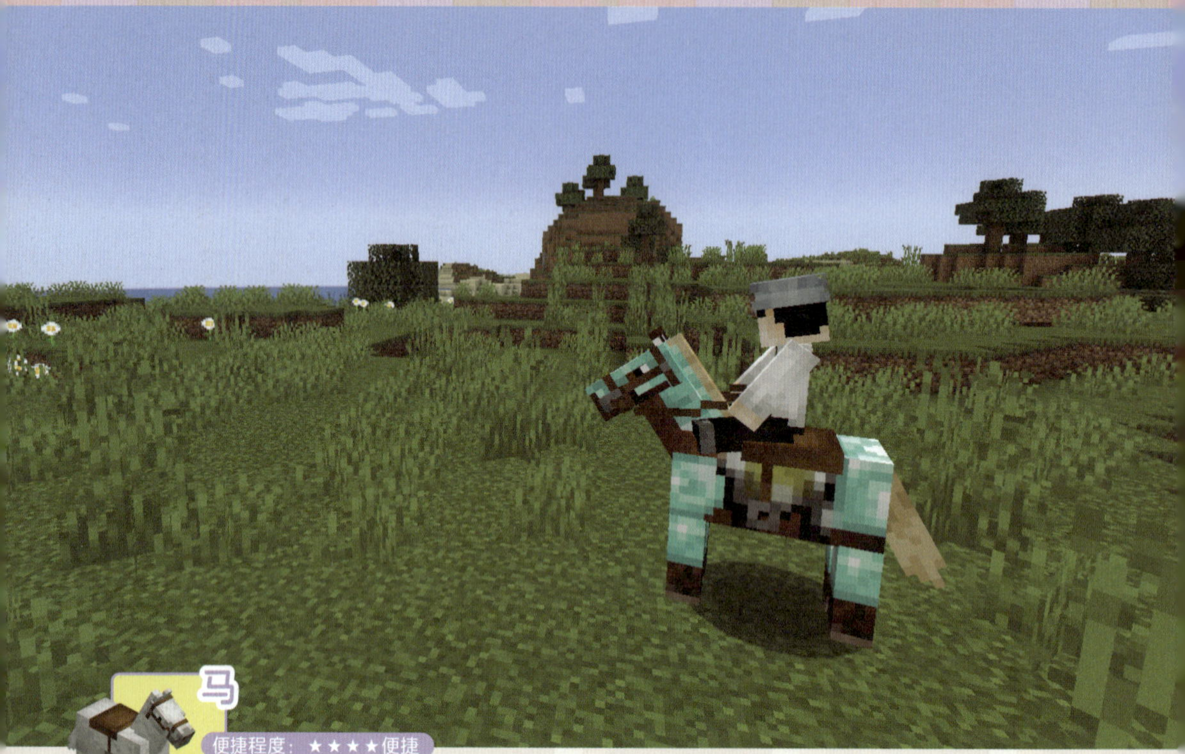

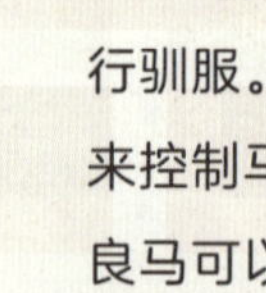

马

便捷程度：★★★★便捷
移动速度：★★★★快
消耗指数：★低

马是一种会自然生成在平原或热带平原生物群系中的生物，可以通过反复上马来进行驯服。当马被玩家驯服后，其上方出现红心。之后，玩家便可以为马上一个鞍，以此来控制马的运动方向。不同品质的马的生命值、移动速度和跳跃高度皆不相同，最快的良马可以达到14.5格每秒的速度，高于玩家行走速度的3倍。最慢的马的速度几乎和玩家行走速度一致。

马可以繁殖，对其使用金苹果或金胡萝卜可以使其开始繁殖。马的后代可以一定程度上继承亲本的优良属性，所以培育一匹良马将有助于我们的探索与旅行。

在大自然中，我们还可以找到很多可以骑乘的生物，这些生物可以担任我们的坐骑，为我们提供代步的便利。

驴与骡

便捷程度：★★★较便捷
移动速度：★★★中
消耗指数：★低

　　驴在平原、热带平原和草甸中均有生成。类似于马，驴也需要通过不断上驴来进行驯服。驯服的驴可以装备箱子，从而为玩家提供载物能力。上鞍的驴的移动也可以受玩家控制。

　　马和驴也可以进行繁殖，但是会诞下不可繁育的骡。驯服的骡和驴一样，可以通过装备箱子来获得载物能力。驴和骡都具有相同的移动速度和跳跃能力，并比通常的马要慢。因此，如果不是为了运输大量物品，骑乘马或许是长距离移动更好的选择。

炽足兽

便捷程度：★★★较便捷
移动速度：★★较慢
消耗指数：★★较低

　　炽足兽是一种下界中可以骑乘的友好生物。类似于猪，玩家可以持鞍对炽足兽按下使用键来上鞍，从而使其可以被玩家骑乘。由于炽足兽具备在熔岩上行走的特殊能力，因此炽足兽是一种非常优秀的熔岩路代步坐骑。同样类似于猪，炽足兽对诡异菌情有独钟，因此玩家可以使用诡异菌钓竿来控制炽足兽的方向。持有诡异菌钓竿按下使用键可以短时大幅提升炽足兽的速度，并使诡异菌钓竿降低1点耐久度。

猪

便捷程度：★★常规
移动速度：★★较慢
消耗指数：★★较低

玩家可以持鞍对猪点击使用键来为猪上鞍。上鞍的猪也可以具备骑乘能力。由于猪喜爱胡萝卜，玩家骑乘猪时可以用胡萝卜钓竿控制方向。它们起步较慢，但最高能达到5.2格每秒的速度。持有胡萝卜钓竿按下使用键可以使猪获得瞬时的爆发速度，但胡萝卜钓竿会获得7点损耗。

 探索道具

在探索过程中，除了使用交通工具或坐骑来进行代步，玩家还可能希望利用一些特殊的道具来辅助自己的冒险。时钟、地图、指南针等物品便是玩家不可或缺的必要物资。

时钟

便捷程度：★★常规

时钟是一种使用金锭和红石合成的物品，它可以在玩家看不到太阳的地方为玩家指示当前的时刻。时钟由白天和黑夜两部分组成，它们会慢慢地旋转来符合太阳和月亮在天空中的真正位置，显示当前的游戏时间。在时钟显示黄昏的几秒后，玩家便可以在床上入睡。

指南针

便捷程度：★★ 常规

指南针是一种可以使用铁锭和红石合成的物品，可以用于指示世界出生点。无论是在物品栏、玩家手中还是物品展示框里，指南针都会忠实地指向世界出生点。但是，如果玩家进入了下界或者末地，指南针的指针会失控地旋转并指向随机方向。

拿出指南针，对着磁石按下使用键，指南针将被磁石磁化，变为磁石指针。在相同维度内，磁石指针将指向该磁石的位置。如果进入其他维度，其会类似于普通指南针进入下界或末地一样，开始随即旋转。

地图

便捷程度：★★★★ 便捷

地图可以通过纸和指南针合成，合成后的地图可以通过使用键来激活。激活的地图将会显示当前区域内的地形信息，并出现一个用于表示玩家的箭头图例。地图可以通过在工作台中在外侧包围一圈纸或在制图台中用一张纸来升级，升级的地图将会显示更广泛的区域。地图最多升级到4级，显示2048×2048个方块的范围。

地图可以放置在物品展示框上。放置在物品展示框上的地图将会显示其地形信息。在多个相邻的物品展示框上摆放地图可以使地图连在一起，通过这种方式可以建成一堵"地图墙"。

有一种特殊的地图叫作探险家地图，其分为海洋探险家地图、林地探险家地图和藏宝图三种，分别用来帮助寻找海底神殿、林地府邸和埋藏的宝藏这三种罕见的结构。海洋探险家地图和林地探险家地图都可以通过和村民交易获得，藏宝图则可以在海底废墟和沉船的箱子中获得。使用藏宝图后，玩家可以看到地图上会出现一个红叉，红叉所代表的位置即是宝藏的位置。其他两种地图则使用小图例标出结构的位置。

充分利用地图可以在探险过程中快速定位到自己的位置，从而使自己的探索与冒险更具有安全保障。

纵横七海：主世界

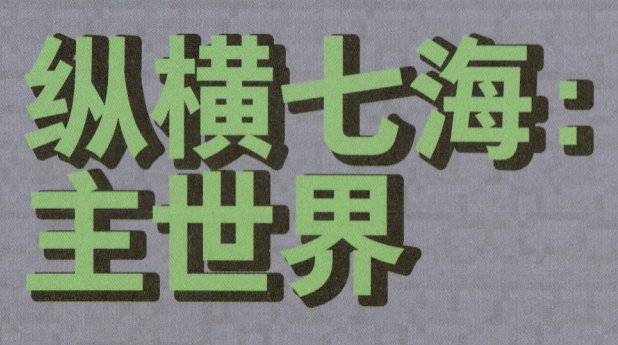

导言

主世界是我们一般游戏流程当中最先探索的维度，也是我们活动时间最久的维度。绝大部分种类的资源都需要在这里获得，协助我们加快发展速度的各类设施也大多会建造在这里。但并非所有资源都会集中在同一片区域出现，生存设施也有可能会因为区域的某些限制因素而降低运作效率。如我们所见，主世界是由许多环境条件各异的区域组成的，了解了这些环境条件，我们就可以有针对性地制定自己的探索策略。接下来就让我们来认识一下主世界中丰富多样的生物群系吧。

01 生物群系的气候

气候是生物群系的重要特征之一，影响着每种生物群系的温度、天气变化等细节。

气候温和的生物群系最为常见，其特点是能够下雨；寒冷的生物群系会下雪，地表会覆盖天然积雪，且未被方块光源照亮的水会结冰；高寒与寒冷相似，但下雪和结冰的现象只会发生在其中的高海拔区域；干燥则不同于其他所有气候，不会发生任何降水。

气候的差异也会体现在一些方块的颜色上，例如树叶和草在干燥的生物群系当中通常会显现出枯黄的颜色，在温和的生物群系中则是鲜绿色。

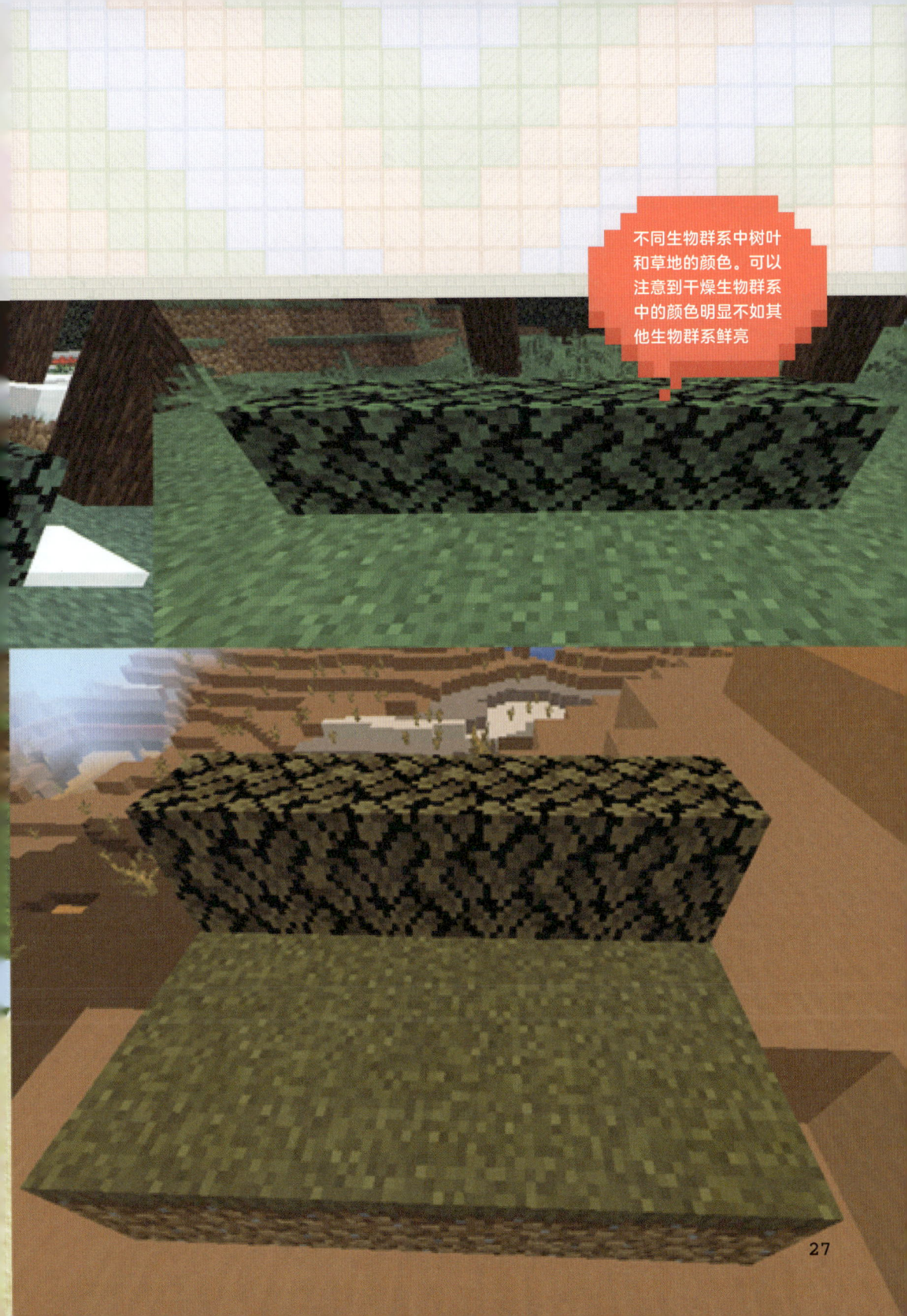

02 生物群系

> 一处暖水海洋，特征是品类多样的热带鱼和成片的珊瑚礁

海洋

气　　候	温和或寒冷
生成频率	极高
结　　构	海底神殿、沉船、海底废墟
动　　物	鱿鱼、海豚、鱼类
特色资源	海带、珊瑚、沙砾、三叉戟

生物群系是游戏中一类以地形特征、生物群体及气候等条件而区别开来的环境集群。不同的生物群系各类资源的储量及环境的威胁各不相同，因此会对我们生存进度的推进产生大小不一的阻力。所以无论要建造基地还是探索开荒，提前了解各个生物群系的特点都特别重要。

海洋在主世界当中的分布相当广泛，最多可覆盖主世界表面达33%。海洋主要由大面积的水体组成，但这也决定了这里并不适合建立基地长期生存。大多数情况下我们只会在乘船时经过这里，或者在此采集完资源后选择直接离开。

海洋的水底长满了海草和长长的海带，海床一般由沙子、沙砾和泥土构成，鳕鱼、鲑鱼、海豚、鱿鱼、沉船和海底废墟通常会在此生成，而溺尸是海洋水下唯一会生成的敌对生物。

海洋有暖水、温水、冷水和冰冻四类变种，其气候各不相同。暖水海洋的海底密集地生长着珊瑚礁，能够生成河豚和品类繁多的热带鱼，但不会生成鳕鱼和鲑鱼；温水海洋没有珊瑚礁，其他环境条件与暖水海洋相似；冷水海洋与上述普通海洋的环境条件几乎无异，除此以外冻洋水面上还会结一层冰，生成大小各异的冰山。

除暖水海洋，包括普通海洋在内的每一类海洋又有各自的深海变种，其深度约为普通海洋的两倍，且能够生成海底神殿。

要在海洋中长时间探险，需要通过装备或药水提高自己在水下的呼吸和挖掘能力，还要小心岩浆块产生的下沉气泡柱，防止被快速卷入海底而受困。

29

一处平原，地形开阔但树木稀少

平原

气　　候	温和
生成频率	极高
结　　构	村庄、掠夺者前哨站
动　　物	鸡、猪、牛、绵羊、马
特色资源	无

平原是主世界中最常见的生物群系之一。此处地形平坦且视野开阔，猪、牛、绵羊等动物资源常常在此刷新且易于发现，但树木生成较少，不便于大量收集木材。如果有稳定获取木材的途径，此处会非常宜居，可以在此相对轻松地进行建筑、种植和养殖等活动。马匹会在此生成，能够帮助提高移动能力。在平原发现村庄的机会也很多，所以获取交易资源也比较方便。

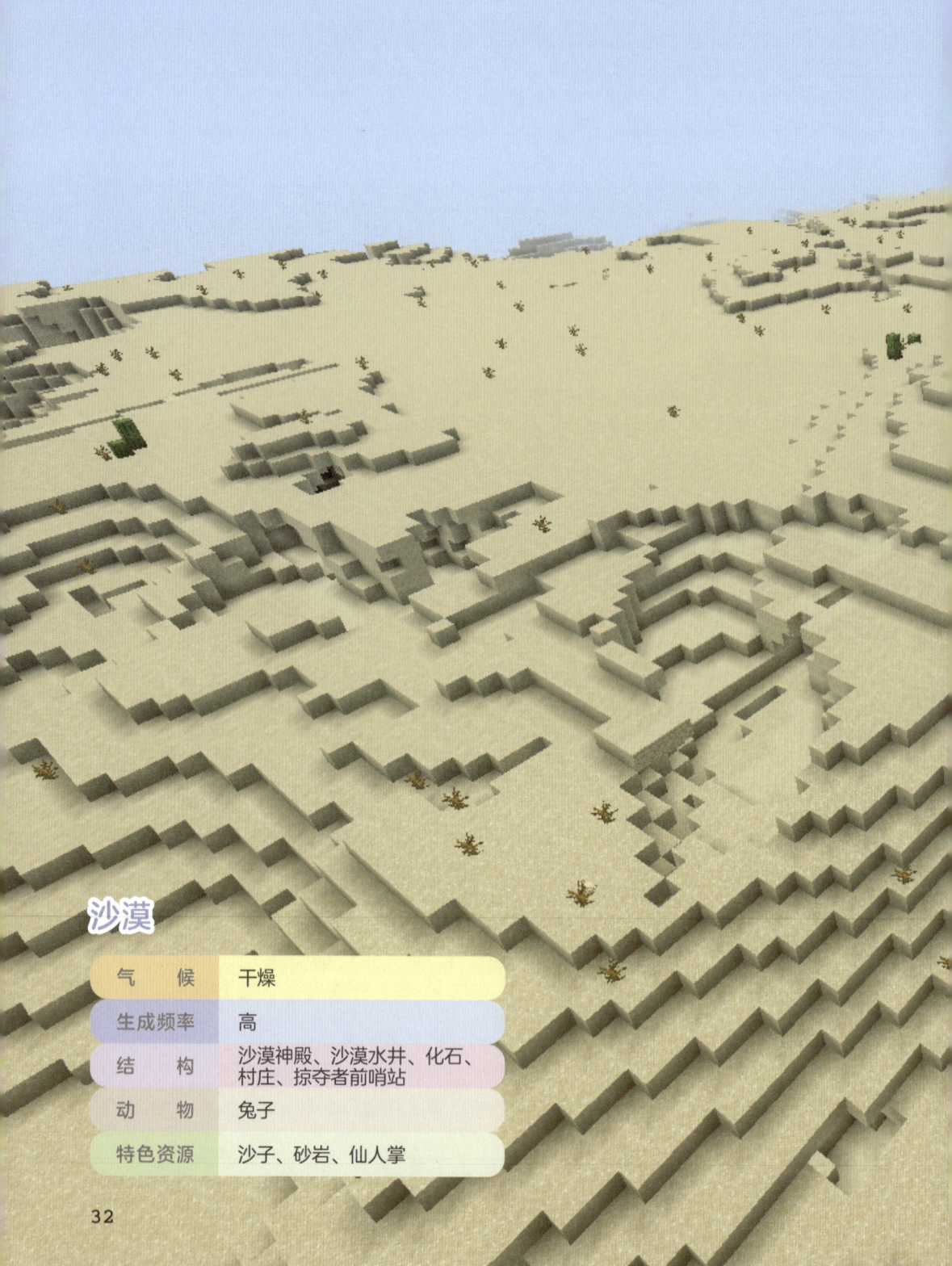

沙漠

气　　候	干燥
生成频率	高
结　　构	沙漠神殿、沙漠水井、化石、村庄、掠夺者前哨站
动　　物	兔子
特色资源	沙子、砂岩、仙人掌

荒芜的沙漠

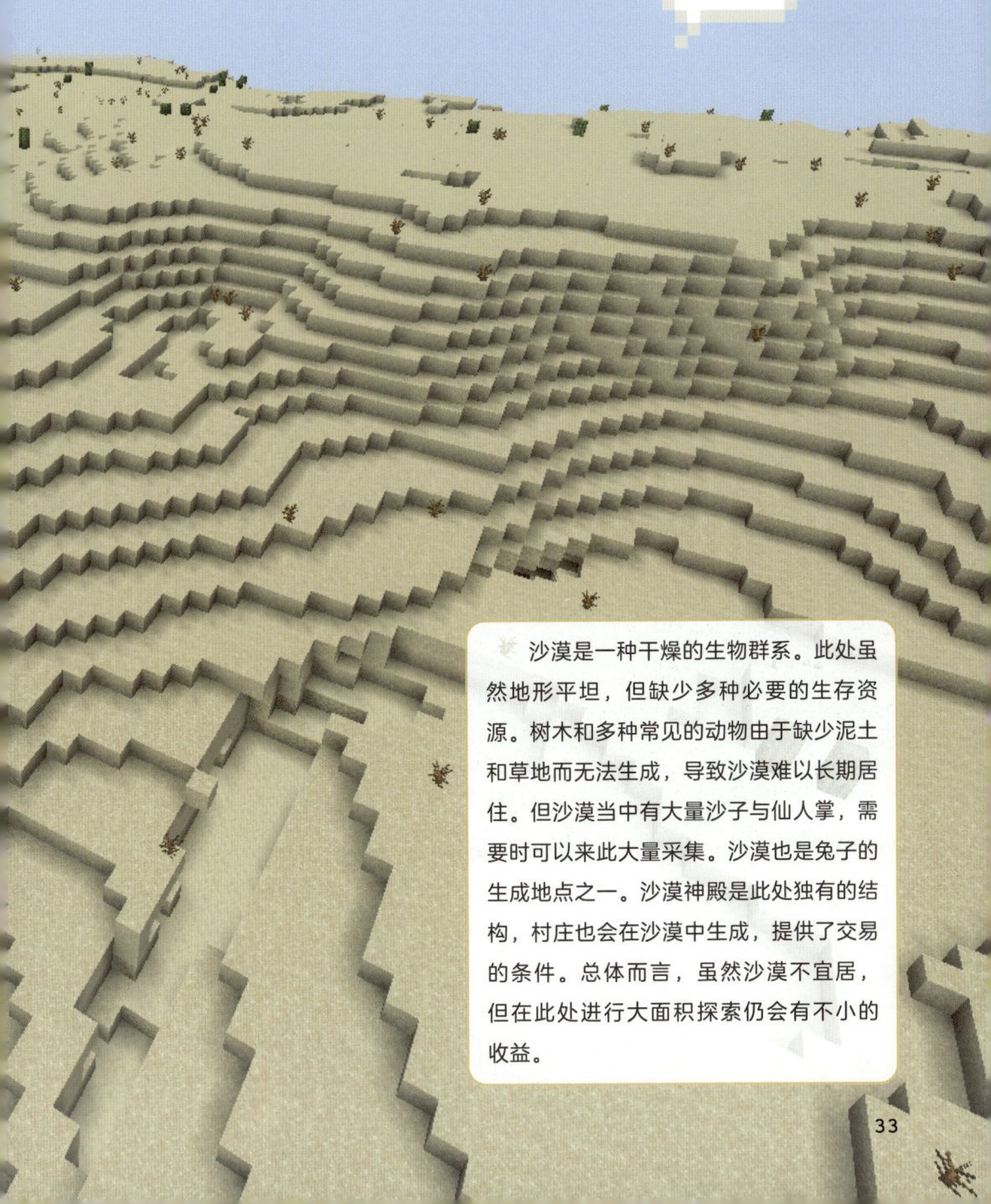

沙漠是一种干燥的生物群系。此处虽然地形平坦，但缺少多种必要的生存资源。树木和多种常见的动物由于缺少泥土和草地而无法生成，导致沙漠难以长期居住。但沙漠当中有大量沙子与仙人掌，需要时可以来此大量采集。沙漠也是兔子的生成地点之一。沙漠神殿是此处独有的结构，村庄也会在沙漠中生成，提供了交易的条件。总体而言，虽然沙漠不宜居，但在此处进行大面积探索仍会有不小的收益。

一处热带草原，地形开阔且树木分布密度适中

热带草原

气　　候	干燥
生成频率	高
结　　构	村庄、掠夺者前哨站
动　　物	马、羊驼、鸡、猪、牛、绵羊
特色资源	金合欢木

 **提示**

热带草原是一种生长着金合欢树的干燥生物群系。此处地形平坦，树木密度适中，马匹、羊驼以及其他一些常见的动物也会在此生成，村庄也时常会生成，满足了许多生存条件，所以热带草原非常宜居。

热带草原有热带高原和风袭热带高原两个变种。其中热带高原的地势较高，边缘地带较为陡峭；风袭热带高原的地形则极度陡峭，山崖四处耸立，甚至还会生成浮空岛，堪称奇观。

　　气候是生物群系的重要特征之一，影响着每种生物群系的温度、天气变化等细节。

　　气候温和的生物群系最为常见，其特点是能够下雨；寒冷的生物群系会下雪，地表会覆盖天然积雪，且未被方块光源照亮的水会结冰；高寒与寒冷相似，但下雪和结冰的现象只会发生在其中的高海拔区域；干燥则不同于其他所有气候，不会发生任何降水。

　　气候的差异也会体现在一些方块的颜色上，例如树叶和草在干燥的生物群系当中通常会显现出枯黄的颜色，在温和的生物群系中则是鲜绿色。

河边的森林,蜜蜂正在出巢采蜜

森林

气　　候	温和
生成频率	高
结　　构	无
动　　物	狼、蜜蜂、鸡、猪、牛、绵羊
特色资源	橡木、白桦木、蜂巢

森林是一种树木资源丰富的生物群系。随处可见的橡树与桦树使森林成为大量采集木材的绝佳天然场地。常见的养殖动物都会在此生成，而狼也会在此集群生成，可以驯服后协助探索。不过密集的树木在提供了资源的同时也为建筑与探索带来了不便——在森林清理场地需要花费不少时间，僵尸和骷髅白天时可以在树荫下躲避阳光，然后出来偷袭玩家。森林中并不会生成村庄等结构，导致其资源较为单一。

繁花森林是森林的一个变种。兔子能够在此生成，蜂巢也生成得更加频繁，不过繁花森林最突出的特点则是百花齐放，许多品种的花都会在此生长，开遍整片森林。如果想要在住所周围享受宜人的风景，把选址定在繁花森林里一定不会错。

另外还有一种叫作桦木森林的生物群系。顾名思义，此处的树木只有桦树一种。再除去不会生成狼这一点，其环境条件则与普通森林基本相同。

一处桦木森林，不会生成橡树

黑森林

气　　候	温和
生成频率	中
结　　构	林地府邸
动　　物	鸡、猪、牛、绵羊
特色资源	深色橡木、蘑菇

树叶密布遮天的黑森林

黑森林是一种生长着大量深色橡树的生物群系。深色橡树的树干粗壮且高度适中，只要砍一棵就能获得将近一组原木，因此在黑森林里可以轻松采集到大量木材。不过深色橡树树冠宽大，且树木之间排列紧密，导致大部分地面都因树叶的遮挡而无法接触阳光，使怪物在白天也能肆意活动，所以黑森林也并不安全。另外两种巨型蘑菇也会零星地在此处生长。林地府邸是此处独有的结构，但一般要借助探险家地图才能找到。

沼泽

气　　候	温和
生成频率	中
结　　构	沼泽小屋、化石
动　　物	鸡、猪、牛、绵羊
特色资源	橡木、睡莲、兰花、藤蔓、黏液球

潮湿的沼泽

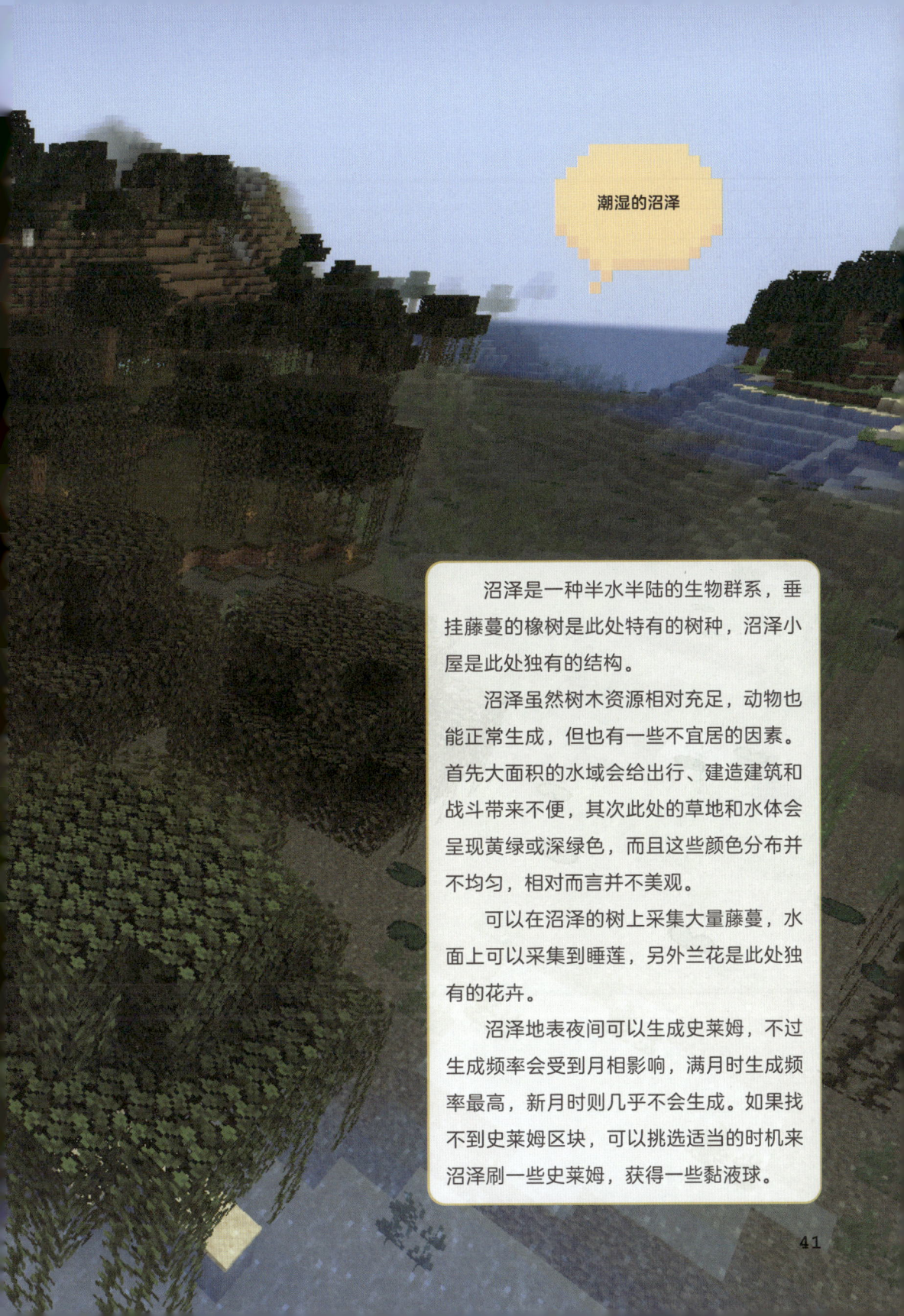

沼泽是一种半水半陆的生物群系，垂挂藤蔓的橡树是此处特有的树种，沼泽小屋是此处独有的结构。

沼泽虽然树木资源相对充足，动物也能正常生成，但也有一些不宜居的因素。首先大面积的水域会给出行、建造建筑和战斗带来不便，其次此处的草地和水体会呈现黄绿或深绿色，而且这些颜色分布并不均匀，相对而言并不美观。

可以在沼泽的树上采集大量藤蔓，水面上可以采集到睡莲，另外兰花是此处独有的花卉。

沼泽地表夜间可以生成史莱姆，不过生成频率会受到月相影响，满月时生成频率最高，新月时则几乎不会生成。如果找不到史莱姆区块，可以挑选适当的时机来沼泽刷一些史莱姆，获得一些黏液球。

河流

气　　候	温和
生成频率	高
结　　构	无
动　　物	鲑鱼、鱿鱼
特色资源	黏土块

沙漠中一条
宽阔的河流

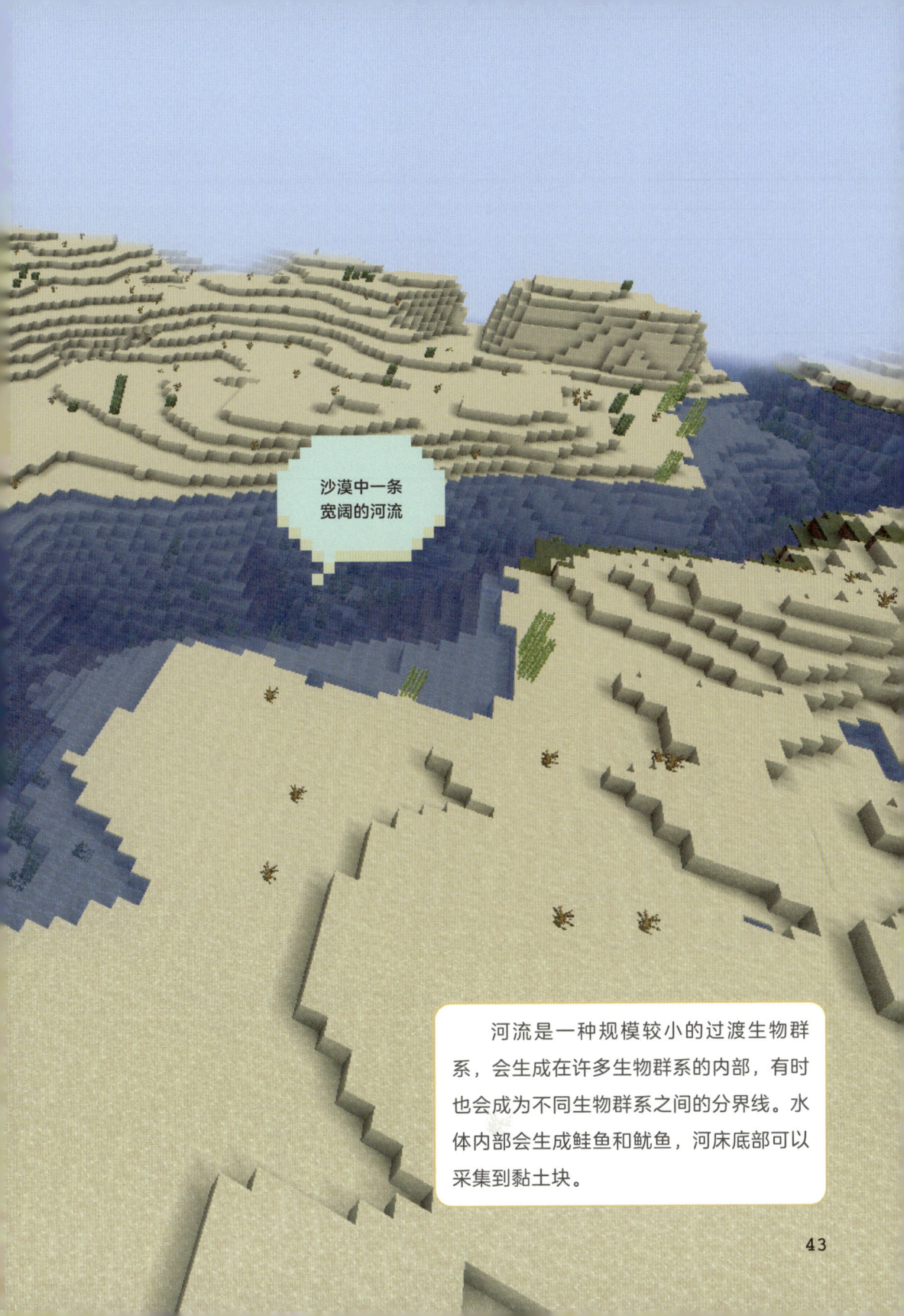

　　河流是一种规模较小的过渡生物群系，会生成在许多生物群系的内部，有时也会成为不同生物群系之间的分界线。水体内部会生成鲑鱼和鱿鱼，河床底部可以采集到黏土块。

蘑菇岛

气　　候	温和
生成频率	极低
结　　构	巨型蘑菇
动　　物	哞菇
特色资源	菌丝、蘑菇

> 长满巨型蘑菇的蘑菇岛

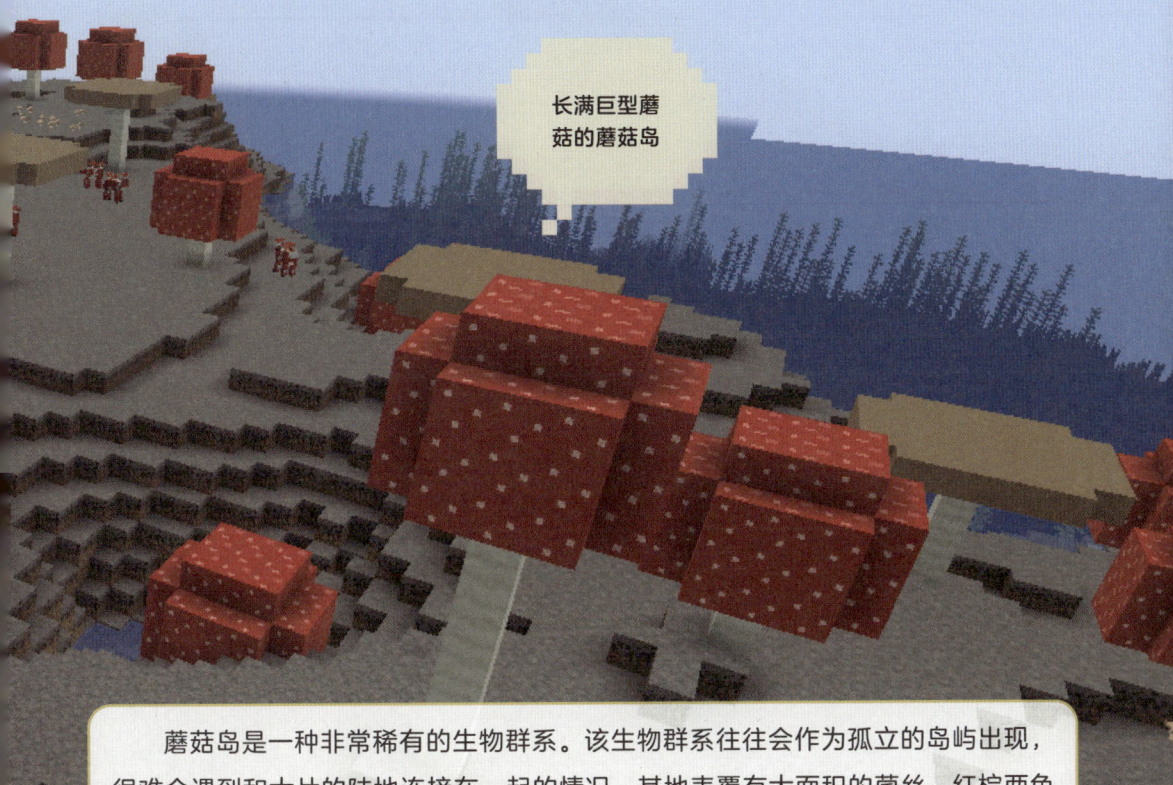

　　蘑菇岛是一种非常稀有的生物群系。该生物群系往往会作为孤立的岛屿出现，很难会遇到和大片的陆地连接在一起的情况。其地表覆有大面积的菌丝，红棕两色的蘑菇会像树木一样在上面自由生长，哞菇则是此处特有的生物，这些环境条件提供了稳定的食物来源。敌对生物基本上不会在此自然生成，所以如果在建造住所时追求极致的安全，蘑菇岛一定会是最佳的选择。

　　不过蘑菇岛除了过于稀有这一缺陷，还存在缺少木材等基础资源的问题。而且要在此处种植农作物和树苗，需要先把菌丝还原成泥土；要养殖绵羊，还需要带些草方块来保证它们持续产毛。在定居于此之前需要充分考虑这些弊端，还要把必要的资源带足。

红沙和陶瓦堆
积成山的恶地

恶地

气 候	干燥
生成频率	低
结 构	废弃矿井
动 物	无
特色资源	仙人掌、红沙、陶瓦、金矿石

恶地是一种拥有独特景观的稀有生物群系。其地势较低的区域由大片的红沙组成，地势较高的区域则由各色的陶瓦逐层堆砌而成。废弃矿井的入口常常会直接出现在山体上，且金矿石会大量生成在靠近地表的岩层之中，由此可见恶地在此类资源的储备上占有特别的优势。不过恶地的缺点也很明显，动物不会在此生成，树木乃至其他绿色植物也都并不容易找到，显得格外荒凉。

茂密的丛林

丛林

气　　候	温和
生成频率	低
结　　构	丛林神庙
动　　物	熊猫、豹猫、鹦鹉、鸡、猪、牛、绵羊
特色资源	丛林木、可可豆、西瓜、藤蔓、竹子

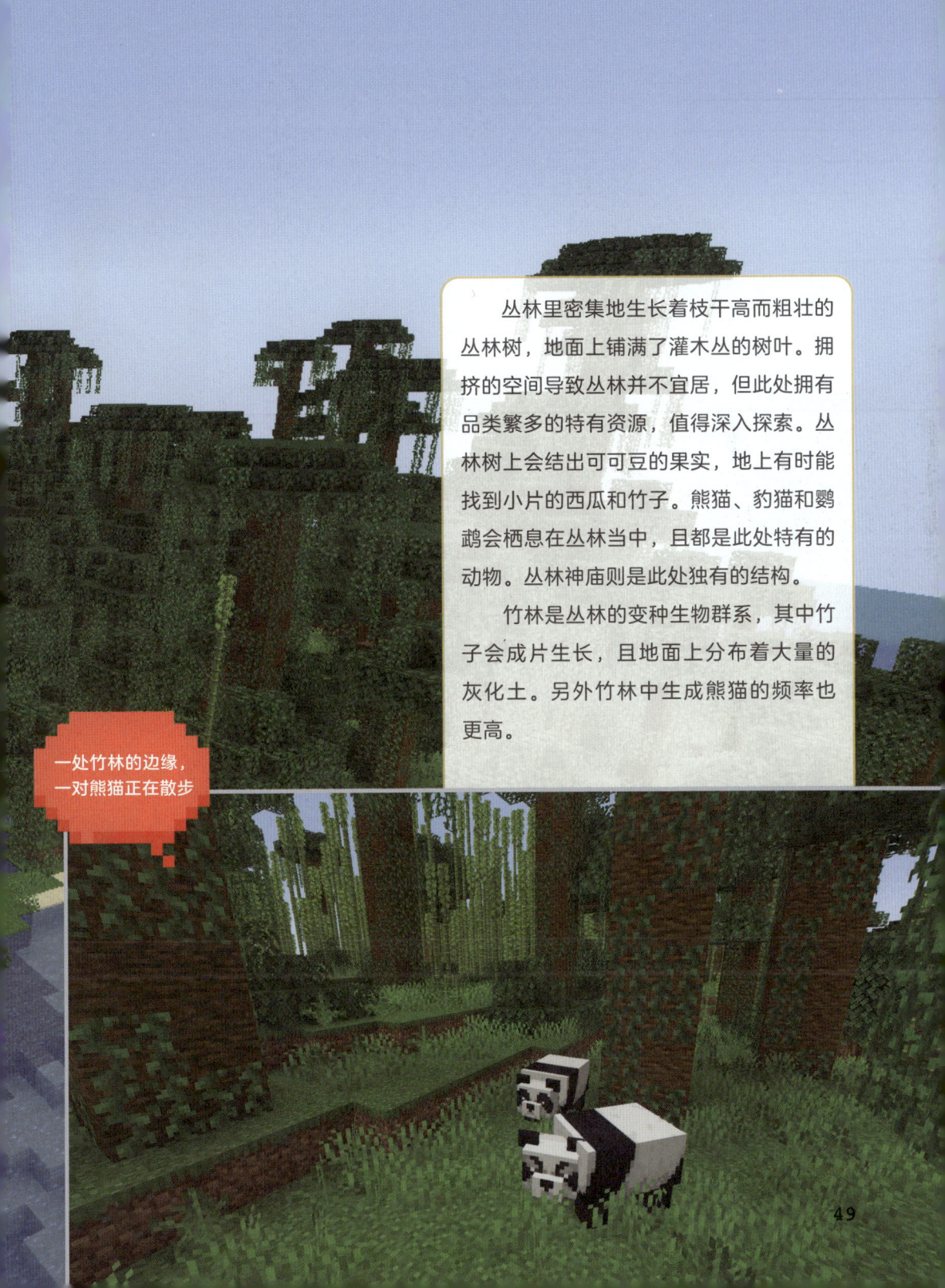

丛林里密集地生长着枝干高而粗壮的丛林树，地面上铺满了灌木丛的树叶。拥挤的空间导致丛林并不宜居，但此处拥有品类繁多的特有资源，值得深入探索。丛林树上会结出可可豆的果实，地上有时能找到小片的西瓜和竹子。熊猫、豹猫和鹦鹉会栖息在丛林当中，且都是此处特有的动物。丛林神庙则是此处独有的结构。

竹林是丛林的变种生物群系，其中竹子会成片生长，且地面上分布着大量的灰化土。另外竹林中生成熊猫的频率也更高。

一处竹林的边缘，一对熊猫正在散步

生长着云杉
的针叶林

针叶林

气　　候	高寒
生成频率	高
结　　构	村庄、掠夺者前哨站
动　　物	狼、狐狸、兔子、鸡、猪、牛、绵羊
特色资源	云杉木、甜浆果

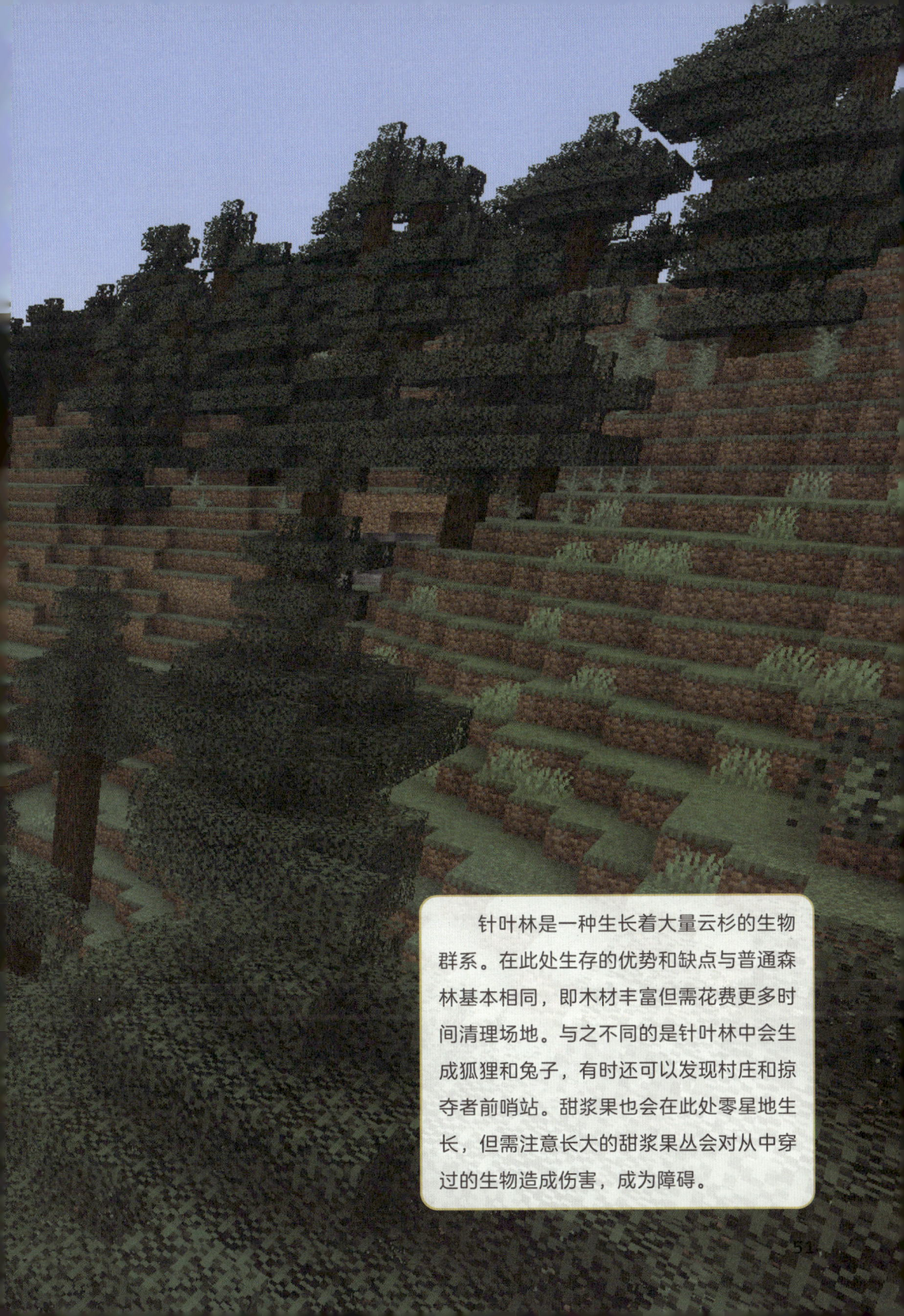

针叶林是一种生长着大量云杉的生物群系。在此处生存的优势和缺点与普通森林基本相同，即木材丰富但需花费更多时间清理场地。与之不同的是针叶林中会生成狐狸和兔子，有时还可以发现村庄和掠夺者前哨站。甜浆果也会在此处零星地生长，但需注意长大的甜浆果丛会对从中穿过的生物造成伤害，成为障碍。

生长着高大云杉的原始针叶林

原始针叶林

气　　候	高寒
生成频率	低
结　　构	无
动　　物	狼、狐狸、兔子、鸡、猪、牛、绵羊
特色资源	云杉木、甜浆果、灰化土、苔石

原始针叶林（旧称巨型针叶林）当中生长着枝干挺拔粗壮的大云杉。得益于此，其中的木材资源要比普通针叶林丰富得多，但清理场地也更麻烦。除了普通针叶林的基本特点，原始针叶林的地表还会生成大量灰化土，有时还会出现由苔石组成的团块。不过此处并不会生成村庄和掠夺者前哨站。

一处积雪的平原，河面因寒冷的气候而结冰

积雪的平原

气　　候	寒冷
生成频率	较低
结　　构	雪屋、村庄、掠夺者前哨站
动　　物	兔子、北极熊
特色资源	雪

积雪的平原拥有大面积被雪覆盖的平坦地形。此处视野开阔，但树木分布稀疏，难以大量收集木材。由于气候寒冷，此处的水源会在缺少方块照明的条件下结冰，不利于作物种植。北极熊和兔子是仅有的两种在此生成的动物。雪屋是此处独有的结构，且村庄也会在此生成。如果想在此生物群系当中定居，可以在周围多种树解决木材资源问题，种植作物时注意在水源周围设置光源，但部分动物资源可能仍需从其他生物群系获取。

冰刺平原有时会在与积雪的平原相邻的区域生成。这是一种少见的变种生物群系，其地形变化相对而言更加明显，且地表会生成许多由浮冰组成的冰刺，构成了此处独特的景观。

冰刺平原的奇特景观

积雪的针叶林

气　　候	寒冷
生成频率	较低
结　　构	雪屋
动　　物	狼、狐狸、兔子
特色资源	云杉木、甜浆果、雪

> 气候更加寒冷的
> 积雪的针叶林

> 积雪的针叶林与普通针叶林的环境条件相似，都生长着大量的云杉，但树上和地面上都覆盖着积雪。狼、雪狐和兔子会在此生成，甜浆果丛也会在此生长。除了森林类生物群系共有的优缺点，在此种植农作物时还需注意在水源周围设置光源，因此在此生存相对而言会稍微麻烦一些。

高地势的
风袭丘陵

风袭丘陵

气　　候	高寒
生成频率	低
结　　构	无
动　　物	羊驼、鸡、猪、牛、绵羊
特色资源	石头、煤矿石、绿宝石矿石

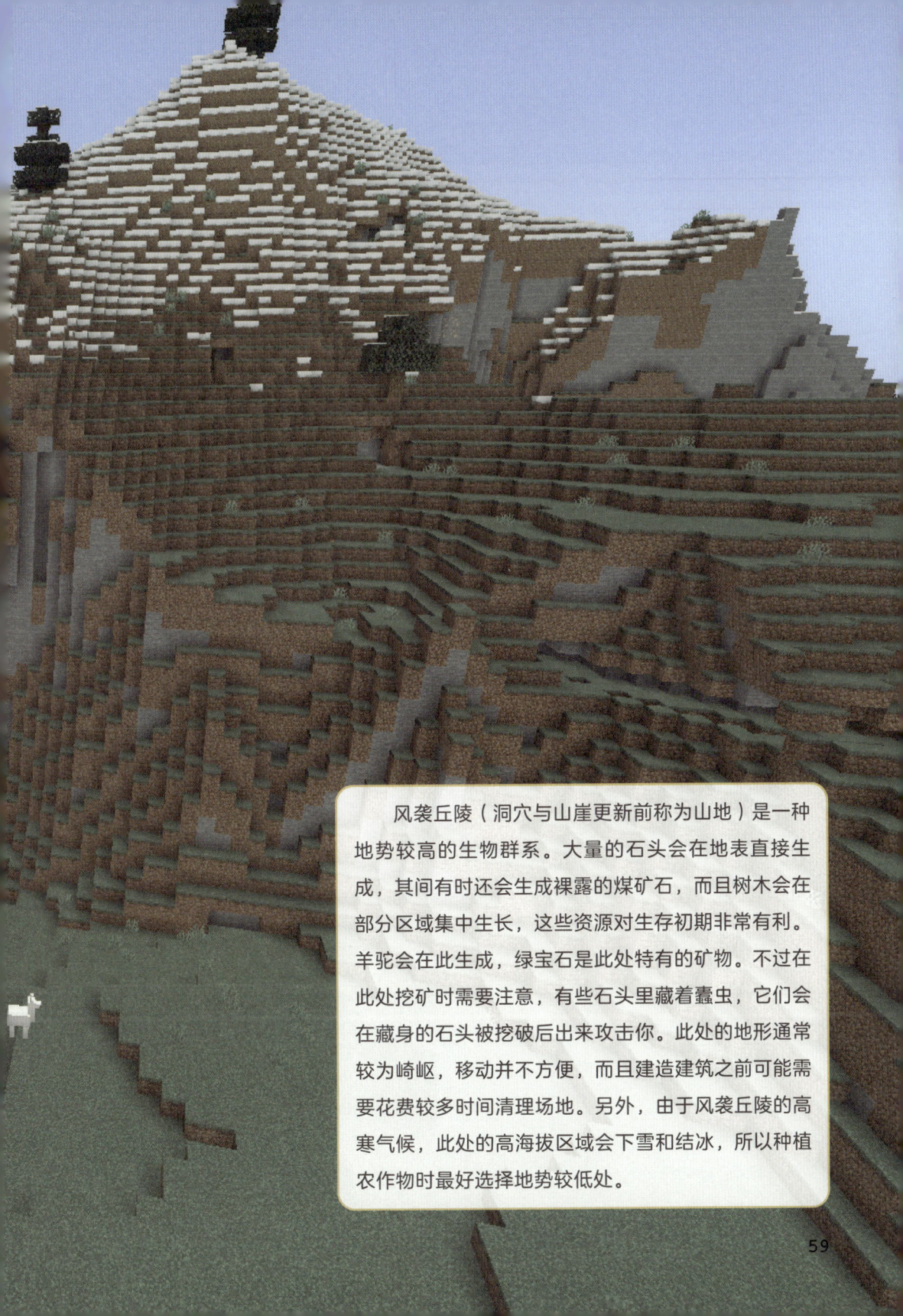

风袭丘陵（洞穴与山崖更新前称为山地）是一种地势较高的生物群系。大量的石头会在地表直接生成，其间有时还会生成裸露的煤矿石，而且树木会在部分区域集中生长，这些资源对生存初期非常有利。羊驼会在此生成，绿宝石是此处特有的矿物。不过在此处挖矿时需要注意，有些石头里藏着蠹虫，它们会在藏身的石头被挖破后出来攻击你。此处的地形通常较为崎岖，移动并不方便，而且建造建筑之前可能需要花费较多时间清理场地。另外，由于风袭丘陵的高寒气候，此处的高海拔区域会下雪和结冰，所以种植农作物时最好选择地势较低处。

山地

气　　候	高寒
生成频率	低
结　　构	村庄、掠夺者前哨站
动　　物	山羊
特色资源	石头、煤矿石、铁矿石、绿宝石、细雪

　　山地是一类地势特别高的生物群系。在此处生存的优势和缺陷与风袭丘陵基本相同。

　　山地包含更多变种，包括草甸、雪林、积雪的山坡、尖峭山峰、冰封山峰和裸岩山峰，生态更加丰富。其中草甸的环境类似于平原，有时会生成村庄；雪林的环境类似于针叶林，会生成狼、狐狸和兔子；积雪的山坡由大面积的斜坡构成，细雪会混杂在雪地之中，难以分辨；山顶部分由尖峭山峰和冰封山峰构成，前者的地貌为数个并排在一起的尖峰，后者则覆有大片的浮冰。

　　地表裸露的石头间有时会生成煤矿石和铁矿石，且地下会生成绿宝石矿石，但蠹虫也会藏在石头里。山羊会在此处除草甸和雪林以外的区域中生成。此处的地形整体而言更加崎岖，移动也更加困难，隐藏在雪地中的细雪池能够把你困住并冻伤，这些都增加了探索的风险。

地形陡峭的雪林

主世界生物群系宜居情况总结

主世界的生物群系就介绍到这里，下表根据各个生物群系的环境条件总结了它们的宜居情况。

环境条件	生物群系
宜居，基础资源丰富且环境限制低	热带草原、风袭丘陵
比较宜居，但缺少部分基础资源	平原、蘑菇岛
比较宜居，但有一定环境限制	森林、针叶林、原始针叶林
不宜居，环境极端但部分品类的资源储量丰富	海洋、沙漠、黑森林、沼泽、恶地、丛林、山地

03 维度和结构

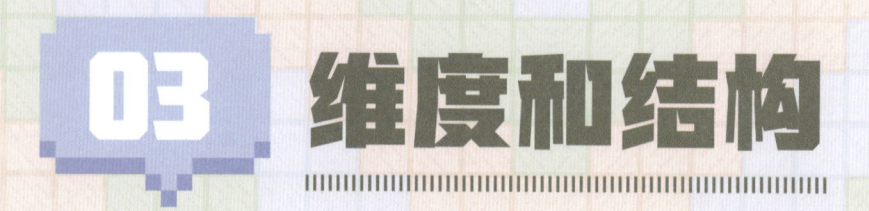

一处沙漠村庄

村庄

村庄是村民集中居住的场所，也是进行交易最便利的地方。

村庄中有各式各样的房屋，供村民休息和工作，在不同生物群系当中生成的村庄有着不同的建筑风格。其内部有时会生成战利品箱，但除了钻石、绿宝石、马铠基本没有特别有价值的物品。此外，村庄中一般会种植多种农作物，这对前期的作物收集有很大帮助。

村民会根据需要在村里召唤铁傀儡作为保护措施，但即使如此，村庄也并不完全安全。僵尸会受到村民吸引而在夜间大量聚集，作为敌对势力的灾厄村民也是一大威胁。在携带不祥之兆效果时进入村庄可触发袭击事件，而如果在此之前不做好充足的防护措施，整个村庄很可能会毁于一旦。

流浪猫会在村庄中自然生成，可以准备些生鱼驯服它们。

村庄还有小概率会作为僵尸村庄生成，其中的村民会全部变成僵尸，房屋也破败不堪，几乎没有利用价值。

牧师村民正在酿造台旁补货

交易

对村民按下使用键可以打开村民的交易界面。村民有5个等级，分别是新手、学徒、老手、专家、大师。与村民进行交易可以提升它的等级，而等级提升后村民又可以解锁新的交易内容。

村民的交易内容与其职业关联，而职业又与工作站点方块一一对应。

每个交易选项的交易次数有限，达到上限后村民需要到绑定的工作站点方块处进行补货，每天最多补货两次。

职业	工作站点方块	出售内容	收购内容
盔甲匠	高炉	铁盔甲（新手） 锁链护腿 靴子 钟（学徒） 锁链头盔 胸甲 盾牌（老手） 附魔钻石护腿 靴子（专家） 附魔钻石头盔 胸甲（大师）	煤炭（新手） 铁锭（学徒） 熔岩桶（老手） 钻石（老手）
屠夫	烟熏炉	兔肉煲（新手） 熟鸡肉 熟猪排（学徒）	生鸡肉 生兔肉 生猪排（新手） 煤炭（学徒） 生牛肉 生羊肉（老手） 干海带块（专家） 甜浆果（大师）

65

职业	工作站点方块	出售内容	收购内容
制图师	制图台	空地图（新手） 海洋探险家地图（学徒） 林地探险家地图（老手） 物品展示框 各色旗帜（专家） 地球旗帜图案（大师）	纸（新手） 玻璃板（学徒）
牧师	酿造台	红石粉（新手） 青金石（学徒） 萤石（老手） 末影珍珠（专家） 附魔之瓶（大师）	腐肉（新手） 金锭（学徒） 兔子脚（老手） 鳞甲、玻璃瓶（专家） 下界疣（大师）
农民	堆肥桶	面包（新手） 南瓜派 苹果（学徒） 曲奇（老手） 谜之炖菜 蛋糕（专家） 金胡萝卜 闪烁的西瓜片（大师）	小麦 胡萝卜 马铃薯 甜菜根（新手） 南瓜（学徒） 西瓜（老手）

职业	工作站点方块	出售内容	收购内容
渔夫	木桶	鳕鱼桶 熟鳕鱼（新手） 营火 熟鲑鱼（学徒） 附魔钓鱼竿（老手）	线 煤炭（新手） 生鲑鱼（老手） 热带鱼（专家） 河豚 船（大师）
制箭师	制箭台	箭 燧石（新手） 弓（学徒） 弩（老手） 附魔弓（专家） 附魔弩 药箭（大师）	木棍（新手） 燧石（学徒） 线（老手） 羽毛（专家） 绊线钩（大师）
皮匠	炼药锅	皮革裤子 外套（新手；有染色，下同） 皮革帽子 靴子（学徒） 皮革外套（老手） 皮革马铠（专家） 皮革帽子 鞍（大师）	皮革（新手） 燧石（学徒） 兔子皮（老手） 鳞甲（专家）

职业	工作站点方块	出售内容	收购内容
图书管理员	讲台	书架 附魔书（新手） 灯笼 附魔书（学徒） 玻璃 附魔书（老手） 指南针 时钟 附魔书（专家） 命名牌（大师）	纸（新手） 书（学徒） 墨囊（老手） 书与笔（专家）
石匠	切石机	红砖（新手） 錾制石砖（学徒） 磨制花岗岩 磨制闪长岩 磨制安山岩 滴水石块（老手） 染色陶瓦 带釉陶瓦（专家） 石英块 石英柱（大师）	黏土球（新手） 石头（学徒） 花岗岩 闪长岩 安山岩（老手） 下界石英（专家）

职业	工作站点方块	出售内容	收购内容
牧羊人	织布机	剪刀（新手） 羊毛 地毯（学徒） 床（老手） 旗帜（专家） 画（大师）	羊毛（新手） 染料（学徒、老手、专家）
工具匠	锻造台	石斧 石锹 石镐、石锄（新手） 钟（学徒） 钻石锄 附魔铁斧 铁锹 铁镐（老手） 附魔钻石斧 钻石锹（专家） 附魔钻石镐（大师）	煤炭（新手） 铁锭（学徒） 燧石（老手） 钻石（专家）
武器匠	砂轮	铁斧、附魔铁剑（新手） 钟（学徒） 附魔钻石斧（专家） 附魔钻石剑（大师）	煤炭（新手） 铁锭（学徒） 燧石（老手） 钻石（专家）

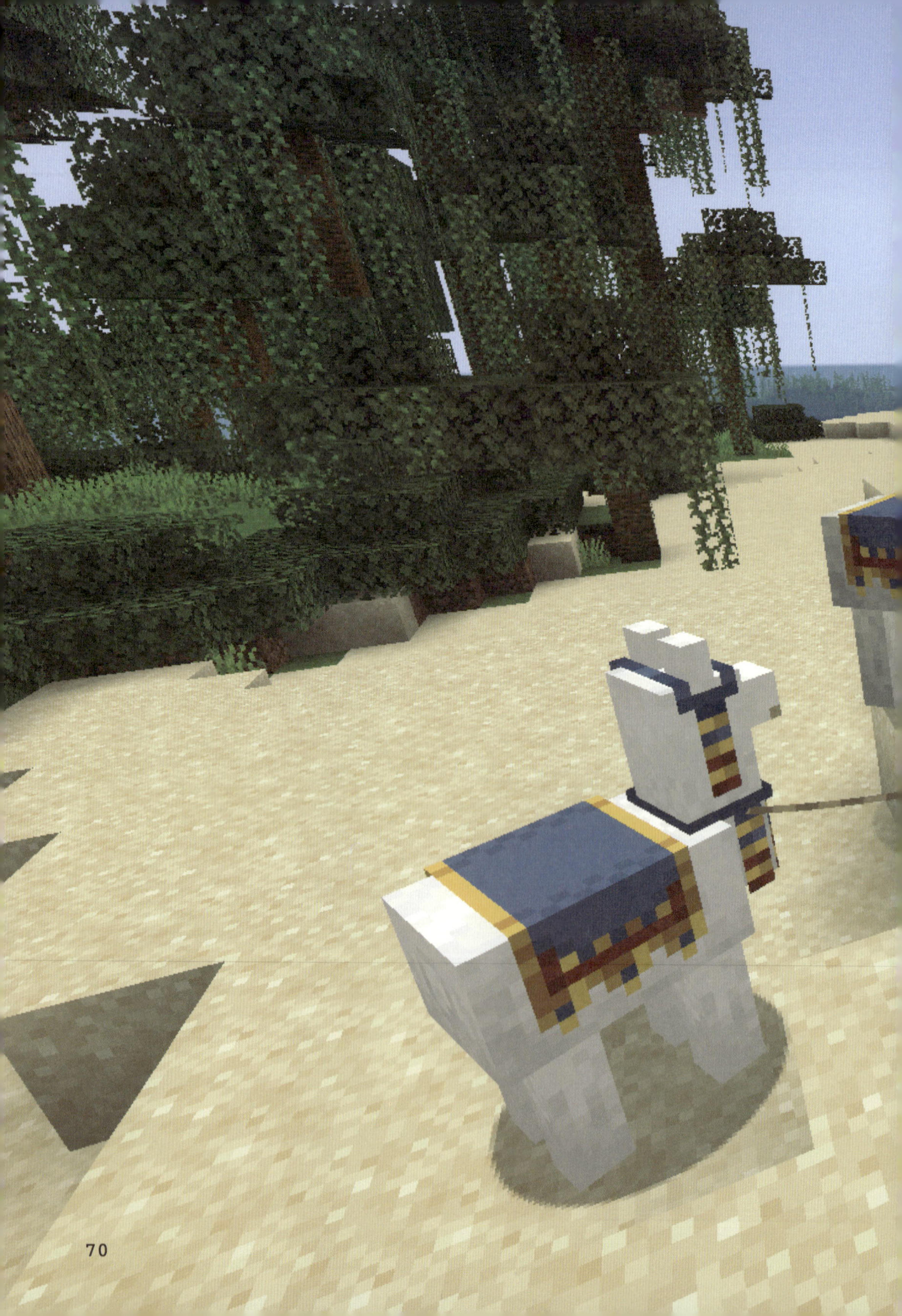

牵着行商羊驼
的流浪商人

  交易的价格也与多种因素有关。袭击胜利后的村庄英雄效果能使交易打折，玩家的声誉值也和交易价格相关。此外，一个交易选项被买空并补货后，价格可能会上涨；加上村民出售部分物品时价格极贵，因此村民常被称为"奸商"。

  流浪商人有可能会在清晨生成，向玩家出售一些稀有生物群系中的稀有方块和物品，但往往并不实用。这些交易选项达到次数上限后就会永久锁定，不会像普通村民那样随着补货而恢复，之后也不会解锁新的交易选项。而且流浪商人不会提供收购类交易。

繁殖中的村民

海边的一处沙漠神殿

村民繁殖

村民的繁殖机制比较特殊，达到繁殖条件的要求比其他生物繁琐得多。

首先，村庄中床的数量必须多于村民的数量，这是保证村民能够繁殖的大前提。其次，村民需要在物品栏中储存足够数量的食物来产生繁殖意愿。可以给村民扔出下列几种食物中的一种来使之产生繁殖意愿：

- 3个面包
- 12根胡萝卜
- 12个马铃薯
- 12个甜菜根

村庄中有一对村民产生繁殖意愿，且床的数量达到要求之后，这对村民就会相互靠近并产生红心粒子，然后产下幼年村民。但如果村民产生意愿而床的数量不足，村民就会产生愤怒粒子。

繁殖之后，村民会失去意愿，可以继续向它们扔食物来使之恢复繁殖意愿。

沙漠神殿

沙漠神殿是一种沙漠特有的金字塔形结构。

进入沙漠神殿的中心大厅后，可以看见地面上用陶瓦摆出的图案。将其中心3×3的方块挖开，就可以看见藏在下面的竖井形密室，其中藏有爆炸陷阱和4个宝箱。

为了避免触发陷阱，千万不能贸然跳下竖井。可以从竖井边缘的方块向下挖来到达底部，然后拆掉井底的压力板和藏在下面的TNT，之后就可以放心打开宝箱了。

沙漠神殿的宝箱中可能生成的价值较高的物品包括附魔书、金苹果、附魔金苹果、马铠、鞍、钻石、绿宝石以及其他一些矿物。

一间雪屋

雪屋

  雪屋是一种少见的小型结构，主要生成在积雪的平原和积雪的针叶林生物群系当中。由于自身的低生成率和与环境融为一体的颜色，雪屋很难被发现。

  雪屋内设有床、工作台和熔炉，地毯下有时会隐藏通往地下室的通道。地下室里困着一个村民和一个僵尸村民，桌上的酿造台里放着一瓶喷溅型虚弱药水，旁边的箱子里必定会装有金苹果，这些内设暗示了救治僵尸村民的方法。

  另外，箱子里除了金苹果生成的物品一般价值都并不高，所以不必刻意花费精力寻找雪屋，除非有救出村民的需求。

雪屋的地下室里困着一个村民和一个僵尸村民

隐藏在密林间的丛林神庙

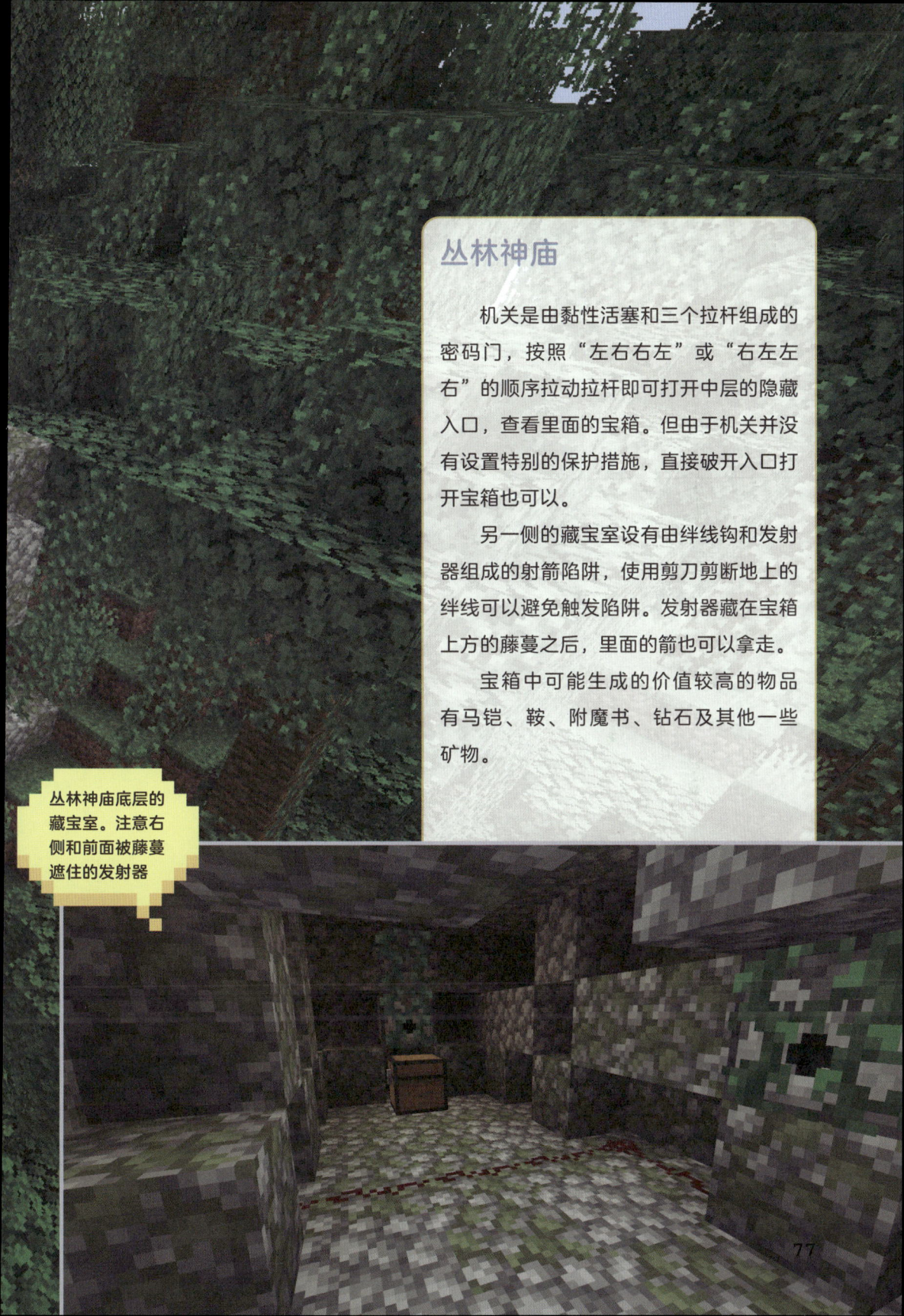

丛林神庙

机关是由黏性活塞和三个拉杆组成的密码门，按照"左右右左"或"右左左右"的顺序拉动拉杆即可打开中层的隐藏入口，查看里面的宝箱。但由于机关并没有设置特别的保护措施，直接破开入口打开宝箱也可以。

另一侧的藏宝室设有由绊线钩和发射器组成的射箭陷阱，使用剪刀剪断地上的绊线可以避免触发陷阱。发射器藏在宝箱上方的藤蔓之后，里面的箭也可以拿走。

宝箱中可能生成的价值较高的物品有马铠、鞍、附魔书、钻石及其他一些矿物。

丛林神庙底层的藏宝室。注意右侧和前面被藤蔓遮住的发射器

一座海底神殿

一处小型海底废墟

海底神殿

　　海底神殿是一种生成在各种深海生物群系的结构，由海晶石等方块筑成，其内部错综复杂，类似迷宫。使用海洋探险家地图可以确定一处海底神殿的生成位置。

　　神殿的内部和周围会生成大量的守卫者，内部一些相对宽敞的房间还会生成远古守卫者（每个神殿共生成3只）。远古守卫者会定时向你施加诅咒，利用挖掘疲劳效果阻止你破坏神殿的方块。所以为了顺利拿走战利品，探索神殿首先要做的就是寻找并杀死所有远古守卫者。

　　海底神殿中最有价值的战利品是8个金块和大量的海绵。其中金块藏在由暗海晶石包裹的立方体中，海绵则集中放置在神殿的部分房间当中。组成神殿的海晶石等方块可以作为建筑材料使用，也可以收集一些。

　　海底神殿的探索难度较高，需要准备一定数量的水肺药水和夜视药水来维持水下的长时间活动，并保证装备能够提供足够的攻击力和防御力来应对守卫者的远程攻击。

海底废墟

　　海底废墟是一类主要生成在海床上的结构。

　　海底废墟主体由石砖或砂岩构成，建筑样式多变，但都以残破为特点。其周围常常会生成岩浆块，在水中形成下沉气泡柱。虽然溺尸会随海底废墟一同生成，但它们一般不会造成太大的威胁。给海豚投喂生鱼，它们就有可能会带你寻找附近的海底废墟。

　　海底废墟内部藏有战利品箱，其中能够生成的价值较高的物品有附魔书、藏宝图、绿宝石和金苹果。

掠夺者前哨站

掠夺者前哨站是一种略为少见的结构，在许多生物群系当中都能生成。

掠夺者前哨站主要由深色橡木木板筑成，周围有时会生成笼子（可能会关着铁傀儡）、木头堆、帐篷和稻草人之类的摆设。

前哨站附近会频繁地生成掠夺者，其中一部分会背上灾厄旗帜，作为队长生成。杀死队长可获得"不祥之兆"效果在村庄中触发袭击。

前哨站的顶层会生成战利品箱，其中会生成附魔书、弩箭还有农作物等物品。

> 海边的掠夺者前哨站周围有多个笼子和稻草人

> 一处沼泽小屋

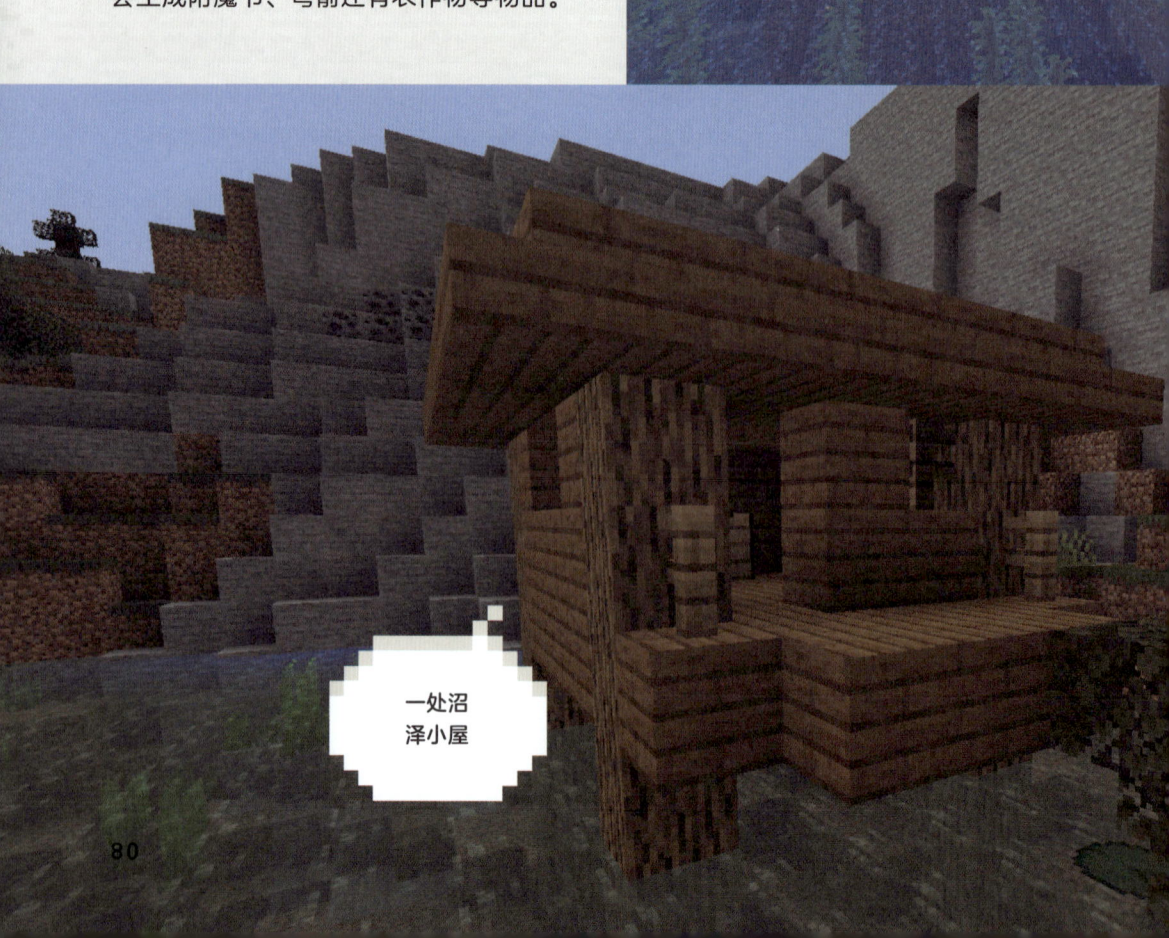

沼泽小屋

沼泽小屋是一种生成在沼泽的少见结构，由云杉木板筑成。

小屋内部设有工作台和炼药锅，花盆里和地上种着蘑菇。在基岩版中，炼药锅内装有随机效果的药水，可使用玻璃瓶取出。

女巫和黑猫会随沼泽小屋一同生成，其中女巫被杀死后还会继续刷出。

> 黑森林中的一座林地府邸

林地府邸

　　林地府邸是一种生成在黑森林中的大型稀有结构，通常需要使用林地探险家地图才能找到。

　　林地府邸内部分为三层，每层都由许多房间组成，不同的林地府邸房间排布也会有所差异。房间内摆放着各种家具和巨型羊毛人偶，有时还会种植一些植物。卫道士和唤魔者会在一些特定的房间当中生成，但杀死后不会刷新。黑暗的房间当中会正常生成各类常见的怪物。

　　部分房间当中会生成战利品箱，其中能够生成的价值较高的物品有附魔书、音乐唱片、钻石锄、钻石胸甲、金苹果和附魔金苹果。此外唤魔者掉落的不死图腾也较为实用。

　　由于卫道士和唤魔者都是较为强力的怪物，所以探索林地府邸前需要准备足够好的装备，确保战斗力充足。

　　不过，鉴于林地府邸过于稀有，即使持有探险家地图也一般需要很长时间才能找到其所在地，其中特有的战利品不死图腾也随着袭击加入游戏而降低了获取难度，所以不建议以收集资源为目的而探索林地府邸。但如果以探险为主要目标，林地府邸仍是个不错的选择。

地下深层的废弃矿井，浮空部分由原木支撑

废弃矿井

  废弃矿井是一种随机生成在地下的结构，其标志性的特征是由栅栏和木板构成的支架。

  废弃矿井由许多交错排列的通道组成，各类矿物会暴露在通道内生成。蜘蛛网会在通道内零星分布，拖慢生物移动的速度，而蜘蛛网分布密集的地方往往还会生成洞穴蜘蛛刷怪笼。通道内会有少许火把提供照明，但仍有许多区域是黑暗的，能够生成各类怪物。

  通道的地面上会铺有断断续续的铁轨，上面有时会生成装有战利品的运输矿车。其中可能生成的价值较高的战利品有附魔书、金苹果、附魔金苹果、钻石和其他一些矿物，此外还可能会生成西瓜、南瓜和甜菜的种子，这对前期的作物收集有所帮助。

  废弃矿井常见于挖矿或洞穴探索的过程当中，但由于其内部结构复杂，探索时极易迷路，所以建议在发现废弃矿井时不要贸然闯入，可以先在入口附近做一些初步的检查，回去做足准备再深入探索。

沉船

沉船是一种常见于海底的结构。

沉船的船体主要由各类木材组成，生成时船体会正立、侧翻或倒立。船舱当中会随机藏有三类战利品箱，其中"补给箱"当中会生成胡萝卜、马铃薯、小麦和南瓜这类作物，以及竹子、谜之炖菜（效果随机）和其他一些物品；"宝箱"当中会生成附魔之瓶，还有钻石、绿宝石等矿物；"地图箱"当中会生成藏宝图、空地图等工具。

由于沉船主要生成在深水当中，在缺少适合潜水的装备的条件下探索时一定要注意自己的氧气条，不要贪恋宝物，否则很容易被困在船舱里溺水。不过沉船有时也会搁浅在岸边生成，这些沉船探索起来就安全很多了。

地牢

地牢是一种主要生成在洞穴周围的结构。

地牢的四周由圆石和苔石包围，而苔石是地牢的标志性特征，在地下探索时发现苔石就等于发现了地牢。

地牢内部会生成一个刷怪笼（能够生成僵尸、骷髅或蜘蛛）和至多两个战利品箱。其中刷怪笼利用价值很高，可以改造成刷怪农场，用于获取经验和掉落物。战利品箱中能够生成的价值较高的物品有音乐唱片（共可生成三种，13、cat及otherside）、马铠、鞍、附魔书、金苹果、附魔金苹果及命名牌，其中还会生成南瓜、甜菜根和西瓜这些作物的种子，有助于前期的作物收集。

由于地牢周围的环境一般都非常黑暗，被发现时其中的刷怪笼很可能已经刷出大量怪物，所以需要小心应对。接近刷怪笼时可以尝试用火把照亮周围，阻止怪物生成。

一艘船体完好但没有桅杆的沉船

地牢里的刷怪笼会生成僵尸

旅游胜地：下界

导言

在主世界安家、四处探索，取得足够的资源并打造出一套像样的装备之后，是时候向下一个探险目标进发了——下界就是我们接下来要去的地方。尽管下界危机四伏，生物也比主世界里的凶暴得多，但其中品类多样的特产也在等待着我们去发掘。通过探索下界，我们还可以解锁酿造这个重要的生产分支，而且第三维度末地的大门也将向我们敞开。事不宜迟，我们马上来见识一下下界的风景吧。

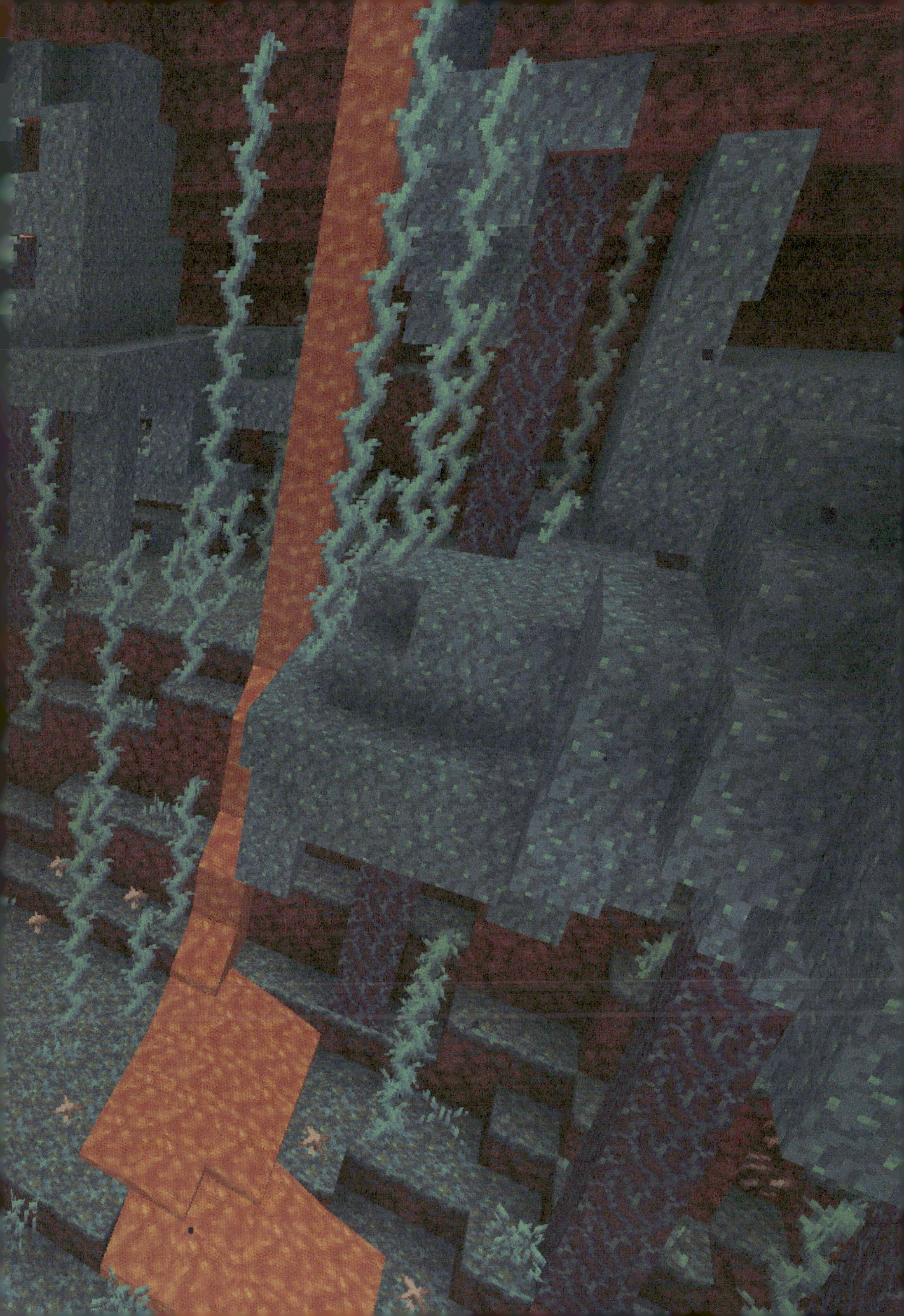

01 生物群系

燃烧着蓝色灵魂火的灵魂沙峡谷

灵魂沙峡谷

生成频率	高
危险程度	高
生　　物	恶魂、骷髅、末影人
特色资源	灵魂沙、灵魂土、骨块、玄武岩

绯红森林

生成频率	高
危险程度	高
生　　物	猪灵、僵尸猪灵、疣猪兽
特色资源	绯红菌岩、绯红菌索、菌类、绯红木、垂泪藤、菌光体

生长着巨型绯红菌的绯红森林

长满巨型诡异菌和缠怨藤的诡异森林

诡异森林

生成频率	低
危险程度	低
生　　物	末影人
特色资源	诡异菌岩、菌索、菌类、诡异木、缠怨藤、菌光体、下界苗

绯红森林是一种密集生长着巨型绯红菌的生物群系。

绯红菌岩布满了地面，菌类、蘑菇和菌索会四处生长。密布的巨型绯红菌提供了丰富的绯红木材、用作装饰的下界疣块和垂泪藤，以及用作光源的菌光体。

自然生成的猪灵和疣猪兽是此处的两大威胁。其中猪灵常常集群行动，且兼备近战和远程两种攻击模式，不过装备任意一件金质盔甲即可在一定程度上避免将其激怒。而疣猪兽具有更强的攻击性，还能够把攻击对象抛向空中，较为棘手。不过疣猪兽会在发现诡异菌方块时扭头逃跑，可以利用这一点逃离它们的追击。虽然僵尸猪灵也会在此生成，但只要不去主动招惹它们，就不会造成威胁。

诡异森林是下界当中最安全的生物群系。

与绯红森林相似，此处密布的巨型诡异菌提供了丰富的诡异木材，以及诡异疣块和菌光体两种副产物。诡异菌岩在地表广泛分布，其上生长着蘑菇、菌类、菌索和下界苗，还有自下而上生长的缠怨藤。

末影人是此处唯一能够生成的生物，所以此处基本不会出现任何具有主动攻击性的生物，这大大降低了在此生存的难度。由于末影人在此生成的频率较高，在此收集末影珍珠也相对简单，可以轻松为后期前往末地的准备工作打下基础。

地形崎岖的玄武岩三角洲

玄武岩三角洲

生成频率	低
危险程度	高
生　　物	岩浆怪、恶魂
特色资源	玄武岩、黑石、岩浆块

　　玄武岩三角洲由大量的玄武岩和黑石构成。玄武岩主要以石柱林的形态遍布于此，导致此处的地面坎坷不平，四处零碎生成的熔岩更是让在此处的移动难上加难。

　　恶魂和岩浆怪会在此生成，其中岩浆怪生成得非常频繁。此处的地形会大大提高战斗的难度，遇到怪物时要注意避开悬崖和熔岩池，如果一时不能找到相对安全的战斗场地，则最好与怪物保持距离，否则很容易就会被成群的岩浆块逼入绝境。

没有植被的
下界荒地

下界荒地

生成频率	高
危险程度	中
生　　物	恶魂、末影人、猪灵、僵尸猪灵、岩浆怪
特色资源	下界岩、下界石英、下界金矿石

下界荒地由大片的下界岩组成。

此处除了少量的蘑菇并不会像下界的两种森林生物群系那样生成其他植被，地面上也不会出现菌岩，所以下界石英矿石和下界金矿石常常会裸露在地表出现，可以快速大量采集，同时获得大量经验。

虽然在此处生成的怪物种类较多，但默认保持中立状态的僵尸猪灵占大多数，其他生物则相对较少。由于此处平坦的地形较为常见，所以在此战斗和移动也比较轻松，但仍需注意周围燃烧的火焰和流淌的熔岩。

02 维度和结构

下界传送门

在前往下界之前，我们还有一件重要的事情要做，那就是打造连通主世界与下界的传送门。为此，需要准备打火石这样的能够生火的工具，以及至少10块黑曜石。

首先用10块黑曜石竖向围出2×3的空间（上下两边横向各摆2块，左右两边竖向各摆3块），然后使用生火工具在框架内侧点火，就可以激活一个最简易的下界传送门了。如果你不缺材料，也可以把四角补齐，或者造个更大的传送门。激活之后，黑曜石框架内会产生一层紫色的传送方块，站在其中稍等片刻，就可以传送到下界了。

进入下界后，一定要先观察好周围的环境，因为下界这边的传送门可能会生成在环境较为险恶的地方，所以要特别注意周围的熔岩和生物等危险因素。随后可以用一些坚固的方块（如圆石）围在传送门附近，这样能够防止恶魂炸坏传送门，避免被困在下界，也能防止怪物埋伏在门口附近，在你下次进入下界时突然攻击你。

在下界进行深入探索时，最好沿途做一些标记，以便在返回时找到传送门的位置。

一座标准的下界传送门,框架宽4格、高5格

利用下界传送门快速移动

　　下界和主世界的空间位置之间存在着一种重要的对应关系。如果你在主世界中激活并进入下界传送门，然后再分别记下传送门在主世界和下界中的坐标，就会发现主世界中传送门的X和Z坐标刚好分别是下界中传送门的X和Z坐标的8倍。这意味着你在下界移动1格，就相当于在主世界当中移动8格。

　　利用这个特性，可以通过下界传送门来实现在主世界当中的快速远程移动。只要计算好传送的起点和终点分别在主世界和下界的X和Z坐标，然后在对应的位置上激活传送门，就可以通过在下界移动来大大缩短原本在主世界移动所需的路程了。如果想让旅行再快些，还可以在下界的传送门之间铺设铁轨或冰道，通过矿车或船来提高移动速度。

　　不过这种方法通常只用于传送距离达千格以上的旅行，如果原本的路程只有几百格，就没有必要再用这个方法了，而且传送门之间离得太近可能还会出现连接错误的情况。

使用重生锚在下界记录重生点

　　你知道吗？在下界，有个关于床的特性必须要了解，那就是在下界尝试用床睡觉会引起威力不小的爆炸。这也许是因为在游戏早期版本中，玩家用床把重生点设置在下界之后有可能会因为传送门损坏而再也无法回到主世界，开发者为了避免发生这种情况而引入了这一特性并沿用至今。

　　不过随着各种下界结构的加入，即使传送门坏掉，你也可以想办法脱困了（详见废弃传送门的介绍），下界中的各类资源也允许你在这里长期生存而不必回到主世界。这一切又使得在下界设置重生点变得合理起来，不过既然不能用床，我们应该怎样才能实现这一点呢？

> 重生锚的5种状态，能量从左至右逐级增加

　　轮到重生锚登场了！重生锚是床在下界的替代品，可以在堡垒遗迹或废弃传送门处收集一些哭泣的黑曜石，然后在下界岩天花板上收集一些萤石来合成它。

　　首先使用萤石为重生锚补充能量（每块补充1点，上限为4点），再对重生锚按下使用键，你的重生点就成功设置在下界了。每次重生会消耗1点能量，在能量耗尽的情况下，你只能在主世界的重生点重生，所以要注意及时为其补充能量。

　　但还需要注意的是，重生锚在主世界和末地被使用时仍会爆炸，床在末地被使用时也是如此。

99

穿越熔岩海

熔岩海在下界中分布相当广泛。为了深入地探索下界，常常需要穿过数百格的熔岩海才能找到自己想要探索的生物群系或结构。显然，你并不能像在主世界里那样通过乘船来渡海，也无法通过泼水来使熔岩凝固（下界里的水会瞬间蒸发），靠搭方块的方法又效率低下，而且还容易受到怪物骚扰。那怎样才能方便快捷地穿越熔岩海呢？

是时候介绍我们的好伙伴了——那就是炽足兽！在下界里，有熔岩的地方就会有炽足兽，它们能够在熔岩表面大摇大摆地自由行走，而且不会因此受到伤害。只要把鞍套在炽足兽身上，拿出你的诡异菌钓竿然后骑上去，炽足兽就会带着你沿着你面朝的方向前进了，手持钓竿按下使用键还可以暂时提高它的移动速度。有了炽足兽，穿越熔岩海就不成问题。

不过，炽足兽十分怕冷，一离开熔岩，它们的脚步就会变得非常缓慢，身体还会瑟瑟发抖，从红色变成紫色。所以它们并不适合作为陆上代步工具使用。

骑乘炽足兽
横穿熔岩海

废弃传送门

废弃传送门是一种在主世界和下界所有生物群系当中随机生成的结构。其主体由缺损的黑曜石框架构成，部分黑曜石会被哭泣的黑曜石取代，框架周围饰有各种砖类方块。

废弃传送门并没有特别的用途，仅起到环境装饰物的作用。不过数量不等的金块常常会在外框上生成，周围还会生成战利品箱，其内会生成一些金质物品，如盔甲、工具、金胡萝卜、金苹果和附魔金苹果等，还有一些用于建造和激活下界传送门的物品。

如果你因找不到返回主世界的传送门而不幸被困在下界，可以试着通过收集废弃传送门提供的材料来建造并激活新的传送门。

下界要塞

下界要塞是一种由下界砖块筑成的长廊形结构，会在任意下界生物群系当中生成。

下界要塞大多由露天过道和室内走廊两部分组成。露天部分有时会生成烈焰人刷怪笼，室内部分则会生成战利品箱，其中价值较高的物品有钻石、金锭、鞍和马铠。

烈焰人和凋灵骷髅是此处独有的两种生物，烈焰人会掉落酿造的必备品烈焰棒，凋灵骷髅会有小概率掉落头颅，可用于召唤Boss凋灵。但烈焰人的攻击会造成额外的燃烧伤害，凋灵骷髅的体色会和下界要塞昏暗的环境融为一体，还会在攻击时对你施加持续扣血的凋零效果，所以战斗时不能掉以轻心。

下界要塞也是能够获取酿造原料下界疣的场所之一，可以在室内的楼梯间或战利品箱中收集到它。

主世界中的一处废弃传送门

长廊四通八达的下界要塞

堡垒遗迹

　　堡垒遗迹是一种由黑石筑成的大型结构，会在玄武岩三角洲以外的所有下界生物群系中生成，但并不常见。

　　堡垒遗迹中会生成猪灵、猪灵蛮兵和疣猪兽三种生物，藏宝室里的刷怪笼还会刷出岩浆怪。猪灵蛮兵是其中最主要的威胁，它们会对你保持敌对状态，而且拥有很强的近战攻击力，不过杀死后并不会再生成新的个体，最好使用远程攻击优先解决。

　　堡垒遗迹的地面上有很多坑洞，需要在探索和战斗时格外注意，否则很容易从高处摔落或掉进熔岩。发现金块或箱子时也不要急于收集，否则很容易激怒周围的猪灵，即使装备金质盔甲也是如此。在箱子下放置漏斗并由此取出物品可以避免让猪灵听到打开箱子的声音，挖掘金块之前则最好在周围插上灵魂火把，驱赶猪灵避免让它们接近，然后搭一些方块来掩护自己。

　　堡垒遗迹不同区域生成的战利品箱内容稍有区别，但基本都奖励丰厚。其中高价值的物品主要包括灵魂疾行附魔书、Pigstep唱片、金苹果、附魔金苹果、各类钻石制品、远古残骸及下界合金碎片等。

一处堡垒遗迹

结束了：末地

导言

欢迎来到旅途的"终点"——末地！虽然这个维度的名字似乎想要说明这里就是整个游戏结束的地方，但不必担心，末地探险只是整个游戏流程当中一个关键的里程碑，只要你愿意，你的冒险旅途完全可以一直持续下去。

在这里，你将一睹末影人故乡的异界风貌，向盘踞于此的Boss末影龙发起挑战，穿过折跃门寻找隐藏在神秘建筑当中的滑翔道具，最后带着象征胜利的"奖杯"回到主世界的故乡，开启旅途全新的篇章……

由于末地的环境较为单一，不同生物群系之间并没有需要特别注意区分的差异，本章将会把末地分为主岛和外岛两部分介绍，而不再和之前一样按生物群系介绍。

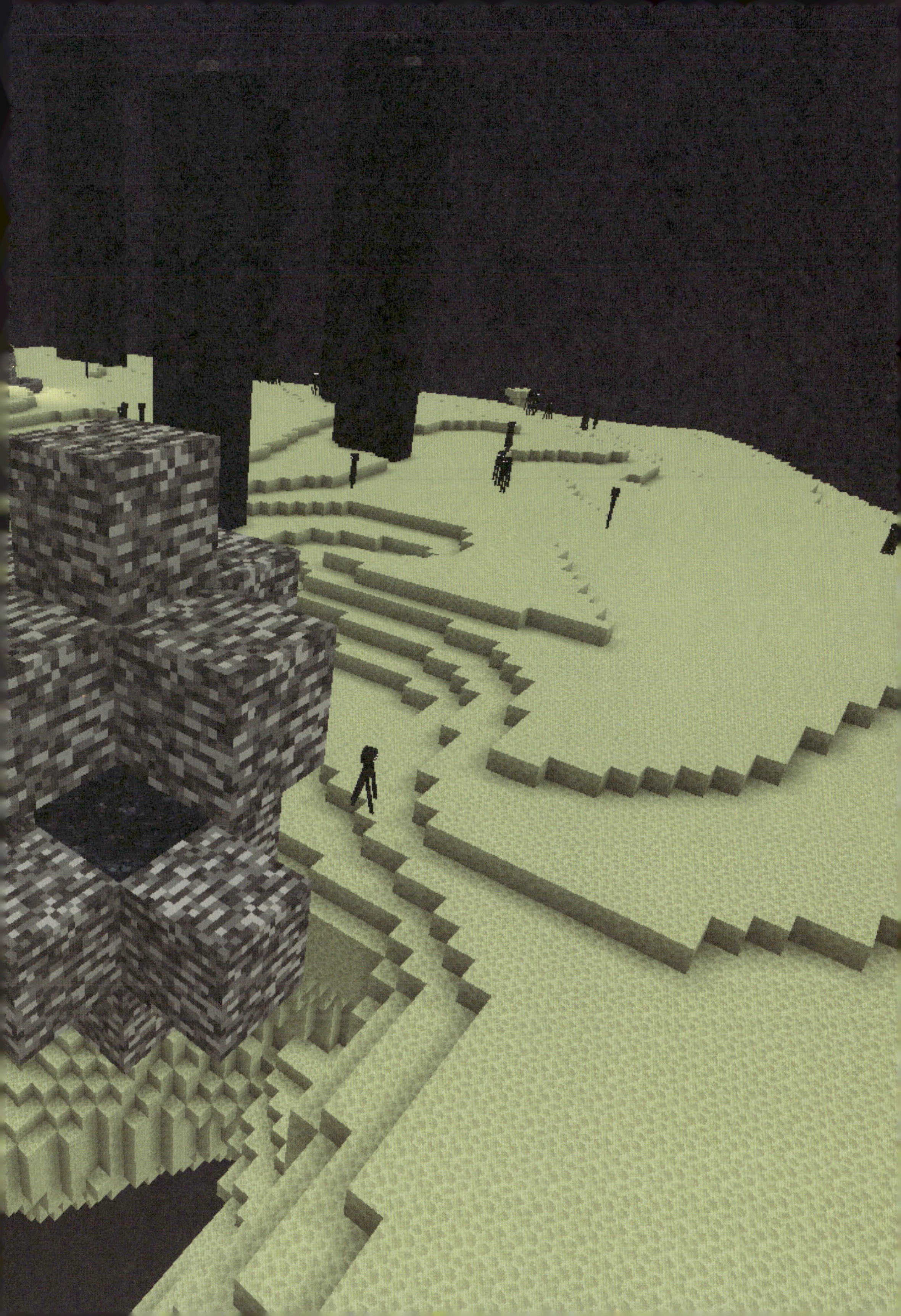

01 生物群系

要塞与末地传送门

和下界一样，我们要通过传送门才能前往末地，但末地传送门并不能人工制造。我们必须先找到要塞，然后找到自然生成在里面的末地传送门并激活它。

要塞生成在主世界的地下，使用末影之眼可以定位最近的要塞所在的位置，扔出的末影之眼会朝要塞的方向飞去。可以每扔一次末影之眼就沿着对应的方向前进几百格，然后再扔一次观察末影之眼飞行方向的变化。如果飞行方向发生了明显的偏移甚至反转，就说明要塞很近了；如果末影之眼开始朝下飞行，则说明要塞就在脚下。由于末影之眼在扔出后会有20%的概率碎掉而无法回收，所以要确保准备数量充足，最好在定位完要塞之后还能留下12颗末影之眼用来激活传送门。

挖到要塞之后，首先要做的就是寻找传送门房间。传送门是由12个绿色的框架方块组成的，下面有一个小型的熔岩池。传送门旁边还会生成一个蠹虫刷怪笼，但利用价值较低，可以选择直接破坏掉。可以准备一些黑曜石，在传送门房间里建立下界传送门，以便今后通过下界快速从基地来到要塞。

把末影之眼嵌入所有传送门框架方块，末地传送门就会被激活，有些情况下部分框架内会自然嵌入末影之眼，这时只要给剩下的框架补上末影之眼就可以了。但激活传送门后不要马上进入末地，因为你必须打败末影龙才能从末地回到主世界，除非你已经做好了相应的准备。

嵌满末影之眼的末地传送门

在前往末地之前，可以先探索一下要塞剩下的部分，然后把战利品带回基地。要塞内有时会生成图书馆，里面会生成大量的书架，可以把它们全部拆走。战利品箱也会随机在要塞内出现，其中价值较高的物品有钻石、马铠、鞍、金苹果和附魔书等。由于要塞内部较为黑暗，探索时也要做好和怪物战斗的准备。

如果你整理好了要塞的战利品并做好了挑战末影龙的准备，那就可以出发了。

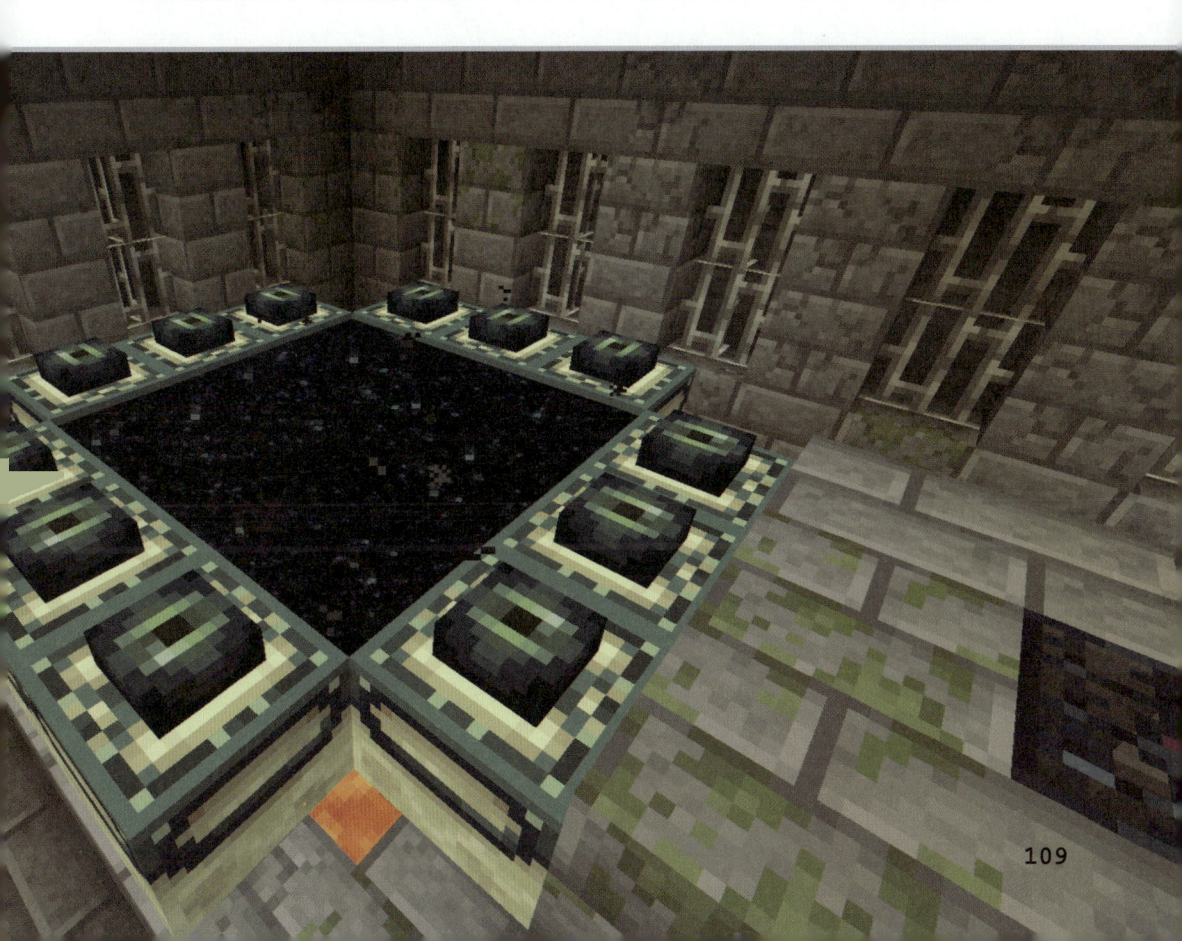

末地主岛、挑战末影龙

　　进入末地传送门后，你会发现自己的脚下是一片5×5的黑曜石平台，这里便是末地的出生点。这个平台可能会出现在主岛表面、内部或外部，如果是后两种情况，可以通过向斜上方挖掘或搭方块来到达主岛表面。

　　这个由末地石组成的巨大空岛就是挑战Boss末影龙的战斗场地了。岛上除了末影龙还会生成大量末影人，活动时要注意调整视角来避免激怒它们。主岛的中心有一个由基岩组成的返回传送门，但必须先打败末影龙才能使用。主岛上共有10根高度各不相同的黑曜石柱，以返回传送门为中心分布在四周。每根柱子上都会生成一个末地水晶，末影龙会利用它发出的射线来不断恢复生命值，所以首先要做的事情就是摧毁所有末地水晶。

　　破坏末地水晶最常用的方法是使用弓箭，但由于有些水晶的位置很高，可能需要多次调整射击角度才能成功将其摧毁。另外有两个末影水晶被铁栏杆围住了，只能搭方块爬上黑曜石柱然后徒手将其摧毁。但末影龙很有可能会在这时攻击你，把你打下柱子，所以要随时注意观察它的动向。保险起见，可以使用金苹果或其他能够持续恢复生命的物品来顶住末影龙的伤害，然后在向上搭方块时再多摆些方块把自己围住，以防被打下去。到达接近柱子顶端的位置时，可以从铁栏杆下方的缝隙直接够到并摧毁末地水晶，之后再顺着搭好的方块挖回地面就可以了。

　　摧毁了所有水晶，是时候对末影龙发起攻势了。在大部分时间里，末影龙都会在高空盘旋，这时要尽可能使用弓箭等远程攻击方式来输出伤害。此时末影龙的攻击手段有两种：俯冲和火球攻击。俯冲向你的末影龙会用头部或翅膀对你造成伤害，在Java版中甚至还会把你甩到高空中，所以要活用各种补给物品来降低这些攻击带来的影响。火球则会在爆炸处生成一片能够持续造成伤害的紫色烟雾，遇到时只需及时躲开即可。对这些烟雾使用空瓶可以收集龙息，用于酿造滞留药水。

　　末影龙有时还会飞到返回传送门上休息片刻，此时远程攻击对其无效，只能使用近战攻击输出，但同时仍需避免接触末影龙的头部和翅膀，还有它吐出的龙息烟雾。

　　几个回合过后，你将给予奄奄一息的末影龙最后一击。光芒会从末影龙的体内迸发而出，随之而来的还有巨额的经验、激活的返回传送门、通往外岛的折跃门以及纪念此次胜利的龙蛋，战斗就此告终。对龙蛋按下使用键可以使之随机传送到周围，之后可以挖掉它下面的方块，让它掉在事先插好的火把上并变成掉落物以便收集。

　　收集完这些战利品之后，可以通过返回传送门回到你在主世界的重生点，然后回到基地整理物品。之后可以前往要塞重新进入末地并进行进一步探索。

另外，末影龙是可以重复挑战的。可以用玻璃、末影之眼和恶魂之泪制作4个末地水晶，然后在返回传送门四边的基岩上各放置一个，此后被摧毁的末地水晶和铁栏杆会逐个恢复原状，末影龙会随后重生，返回传送门也会暂时失效，直至末影龙被打败。可以利用此方法重复收集龙息，但再次打败末影龙给予的经验数量会大大降低，龙蛋也不会重新生成，不过主岛外围仍会再次生成新的折跃门。

末地主岛的景观，外围是顶端放有末影水晶的黑曜石柱

在返回传送门上休息的末影龙

战胜末影龙后激活的返回传送门，上面放着龙蛋

末地外岛

打败末影龙后，可以在主岛外围找到一个由基岩和折跃门方块组成的小型结构，这就是通往末地外岛的入口。可以把末影珍珠投进折跃门来进行传送。

随后，你会被传送到外岛的折跃门周围。外岛同样由大量的末地石组成，不过紫颂树会在此处四处生长，形成森林。破坏紫颂树可以得到紫颂果，吃下后可以在小范围内随机传送，其烧炼产物爆裂紫颂果是末地烛和紫珀块的合成原料。可以通过射击或直接采集的方式获得紫颂树顶端的紫颂花，然后把它种在末地石上，让它长成一棵紫颂树。

有时外岛之间的距离会非常大，可能会大到超出末影珍珠的投掷范围。此时需要通过搭方块来在不同空岛之间移动，但一定要小心不要掉下虚空。外岛上还会随机生成能够返回主岛的折跃门，所以你不必在探索完毕时沿原路返回，也不用过于担心迷路。

末地外岛最有探索价值的地方就是末地城和末地船。只要拿到末地船上的龙首和鞘翅，你的末地探险就可以说是告一段落了。

生成在主岛外侧的末地折跃门

末地外岛随处可见的紫颂树

末地城、末地船

末地城是一种由末地石砖和紫珀块筑成的大型结构。

末地城一般由多个塔楼和向外延伸的桥组成。潜影贝会在其内的许多角落中生成，它们发射的导弹会给予你飘浮效果，使你不受控制地缓慢向上飘浮。潜影贝关闭外壳时会获得极高的护甲值，而且能够反弹箭。它们会掉落潜影壳，可用于合成潜影盒，作为可随身携带的容器使用。

向上爬升时，你有可能会遇到一些难度较高的跑酷场地，此时可以引诱周围的潜影贝向你发射导弹，然后借助其附带的飘浮效果来到达高处。这些导弹的伤害并不高，所以只要盔甲装备齐全并且及时吃下食物，它们就不会造成太大的威胁。如果不想继续飘升但效果仍未结束，可以在一面墙上用水桶倒水，然后沿着水流游下去。

塔楼的高处会生成一些战利品箱，有些地方还会生成末影箱。战利品箱中的物品价值通常都很高，会有马铠、鞍、各类附魔钻石或铁制品以及钻石和绿宝石等矿物。

有时末地城旁边还会生成一艘浮空的末地船，可以通过搭方块或投掷末影珍珠来到船上。船头上会生成一个龙首，船舱入口处有装着两瓶瞬间治疗药水的酿造台，船舱内有装着鞘翅的物品展示框和两个战利品箱，箱中生成的物品和末地船相同。船上会生成三只潜影贝，但只要小心它们的导弹，就同样不会产生太大的威胁。

装备上鞘翅之后，你就拥有了在空中滑翔的能力，探索末地外岛就会方便多了。

一座高大的末地城

末地船头的龙首

附录 A 进度与成就

Java版

图标	进度名称	描述
	勇往直下	建造、激活并进入一个下界传送门
	隔墙有眼	跟随末影之眼
	结束了?	进入末地传送门
	下界	记得带夏装
	光辉岁月	进入堡垒遗迹
	曲速泡	利用下界移动对应主世界 7 千米的距离
	阴森的要塞	用你的方式进入下界要塞
	谁在切洋葱?	获得哭泣的黑曜石
	战猪	掠夺堡垒遗迹里的箱子
	天涯共此石	对着磁石使用指南针
	温暖如家	带炽足兽在主世界的熔岩湖上来一场长途旅行
	热门景点	探索所有下界生物群系
	末地	抑或是起点?
	远程折跃	逃离这座岛屿
	在游戏尽头的城市	进去吧,又能发生什么呢?
	天空即为极限	找到鞘翅

这里列出了本册书中涉及的游戏进度与成就。

图标	进度名称	描述
	这上面的风景不错	利用潜影贝的攻击向上飘浮 50 个方块
	冒险	冒险、探索与战斗
	那是鸟吗？	透过望远镜观察鹦鹉
	成交！	成功与一名村民进行交易
	胶着状态	跳入蜂蜜块以缓解摔落
	电涌保护器	在不引发火灾的前提下保护村民免受雷击
	上天入地	从世界顶部（建筑高度限制处）自由落体，坠至世界底部并存活下来
	甜蜜的梦	获得哭泣的黑曜石
	那是气球吗？	透过望远镜观察恶魂
	星际商人	在建筑高度限制处与村民交易
	探索的时光	发现所有的生物群系
	音乐之声	用唱片机的音乐声为草甸增添生机
	轻功雪上飘	在细雪上行走，并且不陷进去
	那是飞机吗？	透过望远镜观察末影龙
	羊帆起航！	与山羊同船共渡

基岩版

图标	成就名称	描述
	在铁路上	乘着矿车沿单一方向前往离出发地至少 500 米的地方
	进入下界	建造一个下界传送门
	探索的时光	发现 17 个生物群系
	打发时间	玩上 100 天
	斤斤计较	通过与村民交易获得或花费 30 个绿宝石
	保持酷爽	在抗火保护下在熔岩中游泳
	蹦床	向上跳 30 个方块，跳离黏液块
	地图房间	将 9 块完全探索过的相邻地图放入 3×3 方块中的 9 个物品展示框
	自由潜水员	留在水下 2 分钟
	把我传走	扔一次末影珍珠传送超过 100 米

图标	成就名称	描述
	从这里往下看风景真好	在潜影贝的攻击中浮起 50 个方块
	超音速	使用鞘翅以超过 40m/s 的速度时飞过 1×1 的缺口
	寻宝者	从制图师村民手中获得探险家地图，随后踏上寻宝之旅
	亚特兰蒂斯？	找到一处水下遗迹
	纵横七海	访问所有的海洋生物群系
	漂流者	不吃除干海带以外的东西度过游戏中的三天
	啊嘿！	找到一处沉船
	掘金人！	挖出一处埋藏的宝藏
	和鱼一同入眠	在水下度过一天
	交易大师	交易获得 1000 枚绿宝石

图标	成就名称	描述
	胶着状态	沿蜂蜜块滑下来减缓下落速度
	旅游胜地	访问所有的下界生物群系
	随心徜羊	和一头山羊一起坐船漂流
	洞穴及悬崖	从世界顶部（建筑高度限制处）自由落体，坠至世界底部并存活下来
	温暖如家	带炽足兽在主世界的熔岩湖上来一场长途旅行
	音乐之声	用唱片机的音乐声为草甸增添生机
	星际商人	在建筑高度限制处与村民交易